自宅でない在宅

高齢者の生活空間論

外山 義
Toyama Tadashi

医学書院

著者紹介

外山　義（とやま・ただし）

1950年岡山市に生まれる。1974年東北大学工学部建築学科卒業。1982〜89年3月まで、スウェーデン王立工科大学建築機能分析研究所研究員として高齢者ケアと住環境をめぐる研究に取り組む。博士論文「Identity and Milieu」。89年帰国後、厚生省国立医療・病院管理研究所地域医療施設計画研究室長、96年東北大学工学部助教授を経て、98年より京都大学大学院教授（居住空間工学講座）。
2002年11月9日未明、京都市の自宅にて死去。享年52。

● 主な著書に、『クリッパンの老人たち：スウェーデンの高齢者ケア』（ドメス出版、1990年）、『スウェーデンの住環境計画』（翻訳、鹿島出版会、1996年）、『グループホーム読本：痴呆性高齢者ケアの切り札』（編著、ミネルヴァ書房、2000年）他多数。
● 「高齢者の自我同一性と環境：生活拠点移動による環境適応に関する研究」で1990年度日本建築学会奨励賞（論文）受賞。「おらはうす宇奈月」（1996年度）、「ケアタウンたかのす」（2000年度）、グループホーム「楓＆メイプルリーフ」＋デイサービスセンター「ならのは倶楽部」（2001年度）で医療福祉建築賞受賞。

自宅でない在宅──高齢者の生活空間論

発　行　2003年7月15日　第1版第1刷Ⓒ
　　　　2021年3月1日　第1版第9刷

著　者　外山　義
発行者　株式会社　医学書院
　　　　代表取締役　金原　俊
　　　　〒113-8719　東京都文京区本郷1-28-23
　　　　電話　03-3817-5600（社内案内）

印刷・製本　アイワード

本書の複製権・翻訳権・上映権・譲渡権・貸与権・公衆送信権（送信可能化権を含む）は株式会社医学書院が保有します。

ISBN978-4-260-33291-0

本書を無断で複製する行為（複写、スキャン、デジタルデータ化など）は、「私的使用のための複製」など著作権法上の限られた例外を除き禁じられています．大学，病院，診療所，企業などにおいて，業務上使用する目的（診療，研究活動を含む）で上記の行為を行うことは，その使用範囲が内部的であっても，私的使用には該当せず，違法です．また私的使用に該当する場合であっても，代行業者等の第三者に依頼して上記の行為を行うことは違法となります．

JCOPY　〈出版者著作権管理機構　委託出版物〉
本書の無断複製は著作権法上での例外を除き禁じられています．複製される場合は，そのつど事前に，出版者著作権管理機構（電話 03-5244-5088，FAX 03-5244-5089，info@jcopy.or.jp）の許諾を得てください．

真理、翼、光に感謝をこめて

ぜひ前のめりに進んでいきたいなと思います。
前のめりになって転ばない方法は、
足を出すことです。
ユニットケアは、一歩踏み出すなかで見えてくるものだと思います。
倒れないように前に進みましょう。

(第4回ユニットケア全国セミナーでの故・外山義氏の発言より)

自宅でない在宅
高齢者の生活空間論

目次

プロローグ　　　　　　　　　　　　　　　　　　　　　　　　008

I　地域と施設の生活の「落差」　　　　　　　　　　　　017
1　3つの苦難　　　　　　　　　　　　　　　　　　　018
2　さまざまな落差　　　　　　　　　　　　　　　　023
2-1　「空間」の落差　　　　　　　　　　　　　　　　　023
2-2　「時間」の落差　　　　　　　　　　　　　　　　　027
2-3　「規則」の落差　　　　　　　　　　　　　　　　　030
2-4　「言葉」の落差　　　　　　　　　　　　　　　　　031
2-5　最大の落差——「役割」の喪失　　　　　　　　　034

II　落差を埋めるための「思考」　　　　　　　　　　　039
1　個人的領域の形成　　　　　　　　　　　　　　　040
1-1　「身の置き所」という視点　　　　　　　　　　　040
1-2　私物と個人的領域　　　　　　　　　　　　　　　041
1-3　施設のなかで個人的領域をどうつくるか　　　045
2　実証的「個室批判」批判　　　　　　　　　　　　052
2-1　「個室＝引きこもり」か？　　　　　　　　　　　052
2-2　「個室にすると仕事が増える」か？　　　　　　056
2-3　「多床室だと互いに助け合う」か？　　　　　　058
2-4　個室化という視点からケアを考え直す　　　　060
3　中間領域の重要性　　　　　　　　　　　　　　　065
3-1　居室間の関係　　　　　　　　　　　　　　　　　065
3-2　居室と共用空間の関係　　　　　　　　　　　　067
3-3　共用空間のあり方　　　　　　　　　　　　　　　070

Ⅲ	落差を埋めるための「実践」		075
1	**ユニットケア**		076
	1-1	生活単位とは	076
	1-2	ユニットケアの多様なハード	081
	1-3	ユニットケアにおける生活	087
	1-4	職員の人数とケアの質	092
	1-5	ケアの質と量はどう変わる	096
	1-6	4つのチェックポイント	101
2	**グループホーム**		105
	2-1	グループホーム登場の背景	105
	2-2	グループホームとは何か	109
	2-3	グループホームにふさわしい環境とは	114
3	**協働生活型高齢者居住**		119
	3-1	三反田ケア付き仮設住宅の一日	119
	3-2	日常の会話量を比較してみる	127
	3-3	「食」をめぐる多彩な暮らし感	130

エピローグ　131

インタビュー　139
参考文献　143
写真提供者一覧　144

追悼　あとがきに代えて（三浦 研）　145

プロローグ

　『八月の鯨』という映画があった。

　カラーン、カラーン、カラーン……
　鯨の到来を告げて海面を走る鐘の音。名前を呼び交わしながら、岬の突端へと急ぐ少女たちの笑い声。

◆

　時は流れ、入江の丘の上に建つ古い別荘に、夏ごとに暮らす齢老いた姉妹、リビーとセーラ。二人はそれぞれに長い人生のなかで夫に先立たれ、それぞれの幸せな日々の思い出を胸にたたんで、老いの日々を送っている。視力を失い偏屈な性向を強めた姉と、まだ新たな人との出会いや夢に心を動かす妹。長く人生を共にしてきた二人にとっても、老年期の共住はたやすいものではない。姉妹の人間関係に波紋を投ずる幾人かの登場人物と、かれらをめぐる濃密なドラマ展開は観る者の心をとらえて放さないが、ここで粗筋を述べることは避けよう。

　長く歩んできた人生の軌跡を自己の内外にきざみ込んだ、老年期における人と住まいの関係は、それを理解するうえで、ある時間の流れを必要とする。観察対象である場所を定点観測のように一定の時間をおいて繰り返し訪れることによって、あるいは個人史的回想や歴史を遡ることによって、肉眼では見ることのできない「住まいと人との結びつき」が見えてくるのである。

　その人独自の仕方で長いあいだ住みこなされた住まいは、周辺に広がる地域社会とのかかわりをも含めて、その人の生活の中身や内面の軌跡と切り離しがたく結び合わされている。海が望めるテラスの片隅に置かれた揺り椅子は、たんなる物理的なセッティングではないし、居間の壁

に掛けられた古時計や暖炉の上の幾葉かの写真は、空間を埋める骨董や飾りではないのである。

　『八月の鯨』のなかで筆者がしばしば息を飲まされたのは、住まいのなかにほとんど置き換え不可能と思われるほどの位置を得たこうした仕掛けたちが、二人の老女の胸の奥深くにしまい込まれた思い出の数々を、みずみずしく、鮮やかに呼び覚ましていく場面であった。

　空間や物から発せられる、目には見えない糸。人と住まいとを結び合わせているこの見えない脈絡が見えてくるとき、私たちは、人と住まいとの抜き差しならない関係を読みとることができる。

　人はこの目に見えない糸によって、ある想いを想起させられたり、ある行動へと導かれたりする。周囲の状況や環境をものともせずに内なる想いとエネルギーのままに突き進むことができる青年期とは異なり、老年期にはふとした周囲の物や事が引き金になって、行動へと結びついていくことが多いのである。高齢期を歩む人間にとっては、長年の生活のなかで編み上げられてきた、広い意味での住環境と本人とを結ぶ数々の糸は、いわば生活全体の展開にとっての時間的・空間的な枠組み、いやそこから生活行為へのドライブが注入される「葉脈」であるといったほうがよいかもしれない。

　したがって、高齢期に長年住みなれた住まいを離れざるをえない事態に遭遇し、そこから"引き剥がされる"とき、その人が失うものは、たんに長年慣れ親しんできた物理的環境としての住まいだけではない。自分の生活を成り立たせ、コントロールさせてくれていた生活の枠組み、日々の営みのリズムや動機を与えてくれていたパルスの発信源をも失ってしまうのである。

　この、人と住まいとを結びつける見えない糸は、一朝一夕に編み上がったものではない。不慣れでうまくつきあうことのできなかったころから、時間をかけて、年月をかけて獲得してきた関係である。まるで夫婦のように、うまくいっているときもうまくいっていないときも、日々積

プロローグ　　009

み重ねてきた関係である。人と住まいのこの関係は、受け取るばかりではなく、与えることもしながら編み上げてきた関係なのである。

◆

　筆者は1982年から89年までスウェーデンの王立工科大学の建築機能分析研究所 Building Function Analysis において、高齢期における人と住環境の相互浸透関係についての研究をする機会を得たが、人と住まいの関係は、調査で繰り返しお訪ねした高齢者の方々の場合も同様であった。
　長年住みなれてきた住まいをさまざまな理由から離れざるをえなくなった高齢者の移居先として、スウェーデンにはサービスハウスという居住形態がある。高齢者向けのケア付き集合住宅とデイサービスセンターが合築されたもので、1970年代から、私がスウェーデンにいた80年代の半ばごろまで全国的に数多く建てられていた。
　筆者は、1986年にストックホルム市内に建てられた100世帯向けのサービスハウスに入居を決めた高齢者を対象に、過去の生活歴から、心身機能レベルを中心とした状態像、在宅サービスの利用状況や家族との交流状況、そして住戸内部の詳細な採図による住まいの状況を、入居前の段階から、入居半年後、1年後と訪問を繰り返しながら記録しつづけた。
　ヘンリクソン夫人（仮名）はその調査対象者の一人である。

◆

　彼女は1900年にストックホルムに生まれた。1983年に夫に先立たれるまで、55年間の幸せな結婚生活を送った。1943年のドイツ軍によるワルシャワ爆撃によりストックホルムに戻った二人は、夫の勤め先であるエリクソン本社にほど近い住宅地に、ゆったりとした庭に囲まれた木造2階建ての住宅を購入し、以来ここが生活の拠点となった。とくに外に職をもった経験のない夫人にとっては、ここはほとんどの時間を過ごす生活の舞台であった。
　夫の死後、彼女はその庭付きの2階建て住宅の維持管理がしだいに手に余るようになり、サービスハウスへの入居を申請した。2年後、夫人

ヘンリクソン婦人が夫とともに暮らした住宅

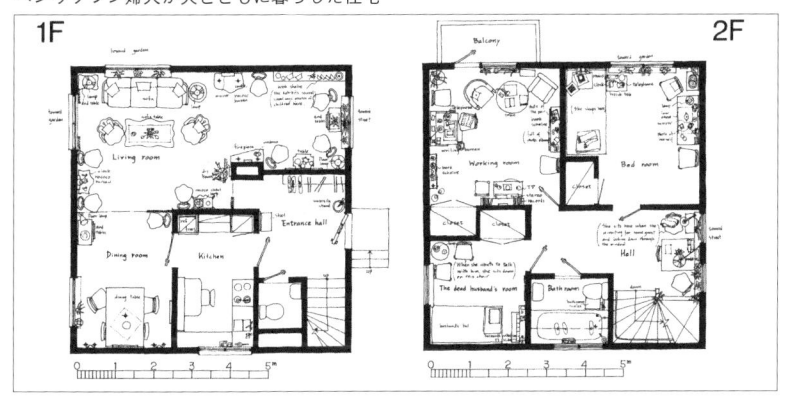

ヘンリクソン婦人が引越した先のサービスハウスの住戸平面

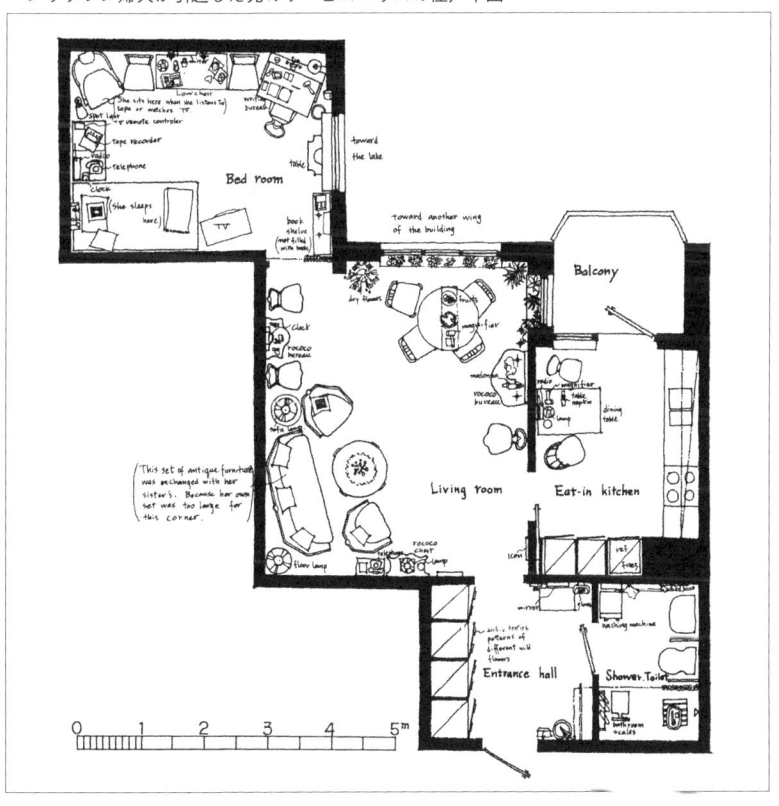

プロローグ　011

★01　亡き夫の部屋（2階）。婦人は疲れるとこの椅子に腰を下ろして亡き夫と対話した

★02　引越し後1年経ったヘンリクソン婦人。遠慮がちにカメラにおさまってくださった

の手元にサービスハウスへの入居案内が届いた。入居の決心は固かったのだが、サービスハウスの公開日に出掛けた夫人はなぜか気持ちが落ち込み、たまたま居間の隅に置かれていたシャワーチェアに腰を下ろしたまま塞ぎ込んでしまった。

　契約を終えてから引越しまでの2か月間、夫人は忙しかった。家を売りに出したり、サービスハウスに持ち込む家具を選んだり、残りの家具や思い出の品々を処分したり……（サービスハウスの住戸はかつての木造2階建て住宅の半分の広さだった）。仕事に疲れると夫人は、昔のままに残された亡き夫の部屋に入り、椅子に腰をおろして暫くのあいだ夫と会話をするのだった。不思議に疲れが消え、元気を取りもどすことができた。

　引越し後しばらくのあいだ、夫人はサービスハウスに馴染めなかった。ここでは、たった1枚の扉を開くと、いきなり他人に晒されるような気がした。以前の家のように、玄関ポーチの前に自分の好きな草花を季節ごとに咲かせた前

★03　引越し前の婦人の寝室　　　　　★04　引越し後の寝室

★05　サービスハウスの住居面積はかつての半分だが、婦人は家具をうまく配置している

　庭もないし、住宅地に入り込んでくる訪問者を眺めながら編み物をする2階の窓辺の座も存在しない。かつてのままの夫の部屋も失ってしまった。

筆者の2度目の訪問時にヘンリクソン夫人が開口一番に言われたのは、「このサービスハウスには夫は付いてきてくれなかったわ」という言葉だった。
　夫人は、寝室に関しては以前の家をほとんどそっくり再現していたが、チェストの上に、以前にはなかった夫の写真を置いていた。引越しのころはまだ真冬であったにもかかわらず、夫人はストックホルム郊外にあるサマーハウスに金曜日ごとに行き、週末をそこで過ごした。そこには依然として夫と共に過ごした時空が残されていたのである。

★06　シャワートイレに設置された小さな洗濯機

　それ以外にも、婦人は強く違和感をもつことがあった。サービスハウスでは1階に共用の洗濯室があり、それぞれ予約をして使うシステムになっていたのだが、ヘンリクソン夫人は共用の洗濯機で下着を洗濯することに馴染めない。一人用の洗濯機を買って、自分のシャワートイレに設置した。
　いまひとつ、浴槽にゆっくり身体を浸して入浴するのが好きだった夫人にとってシャワーのみの浴室は不満足であったが、さりとて階下の介助浴槽を利用する気にはもちろんならなかった。そこで夫人はときおりストックホルム市内に住む娘の家庭に行き、そこでゆっくり湯船に浸かった。
　こうして夫人は、サービスハウスでの生活に少しずつ適応していった。3度目にヘンリクソン夫人を訪問したとき、夫人はしだいに衰えを感じる視力のせいか「一日の時間の流れが以前よりも遅くなったように思う」

と言われた。以前はサービスハウス内で定期的に開かれているサークル活動などには関心を示さなかった夫人の「最近始まったビンゴのグループに今度参加してみようと思うの」という言葉が筆者の心に残った。

◆

　高齢期に人が住まいから引き剥がされ（あるいは離れ）、新しい場所に移される（あるいは移る）とき、その人が新しい場所でふたたびその場所から生命力を汲み上げ生活を立て直して生きていけるか否かは、「与えあう関係」がふたたび成立するか否かに、じつは大きくかかっている。

　その人にとって十分な物理的環境を保障され、どんなに至れり尽くせりのサービスが提供されても、そこで与えあう関係をふたたび手に入れることができなければ、その人は、花瓶に生けられた切り花である。たしかに日々手入れをされ、水引きを促す薬を差してもらえるかもしれないが、みずからそこで根を張ることはない。そして、その花はしだいに生命力を失っていくだろう。

　しかし、挿し木がうまくいったときのように、新しい場所にやがて細い根を下ろし、そこから栄養分をみずから吸い上げることができれば、その花木は土から生命力を受け取り、ふたたび生きることを始める。この花木は、土とふたたび与えあう関係を築き上げていくことができるのである。

　高齢期の人を花木に喩えたが、この場合の「土」は住まいであり、施設であり、地域である。高齢期の花木が、たとえ移されても生命力を萎ませないでその一生を見事に咲き終えるためには、何が必要なのか。何をすべきでなく、何が為されなければならないのか。

　本書では、高齢期を過ごす人間と住まい・施設との抜き差しならない関係について、日々の営みがそこで展開される場であり、与えあう関係が紡がれる広がりでもある「生活空間」の意味について、読者のみなさんと共にじっくり考えてみたいと思う。

Ⅰ

地域と施設の生活の「落差」

1　3つの苦難

「高齢期になっても、住みなれた地域で、暮らしなれた住まいのなかで人生を歩み切りたい」
——これは多くの人の共通の願いである。しかし現実には、日本人の約8割は医療施設で死亡し、他の施設も含めれば9割に近い人が施設でその人生を閉じている。現代を生きるわれわれ日本人にとって、「施設で人生を閉じる」というシナリオは想定せざるをえない。そういわざるをえないような数字である。

●**いったい何があったのか**

高齢期になんらかの疾病を患い、あるいは身体機能の低下に起因した事故などによって住まいを離れざるをえないとき、その移行先としてまず一般病院が考えられる。そこを経由して、いわゆる老人病院、老人保健施設、特別養護老人ホーム、その他の高齢者居住施設などへと、さらに転院、入所、あるいは入居することが一般的であろう。

筆者は、調査で追跡していた高齢者がさまざまな理由で地域での居住継続を断念させられ、施設へと移される事例を数多く見てきた。施設入所(入院)後にその高齢者を訪ねたとき、ほとんど同一人物とは思えないほど変わり果てた姿に直面し、愕然とさせられることが幾度もあった。

「いったい何があったのだろう……」

わずか数週間のあいだにすっかり生命力が萎んでしまった高齢者を前に、言葉をなくしてただ手を握ることしかできなかった。

住みなれた地域から引き剥がされて、こうした施設に生活の場を移された高齢者の生活はどのようなものなのだろうか。住みなれた地域での生活から施設での生活へと移行させられるとき、人はどのような体験を

させられるのだろうか。高齢者はこうした環境移行のなかで、ふたたび生命力を回復していくことはできないのだろうか。

　次々に浮かび上がってくる問いに突き動かされながら、筆者は20年余のあいだ、スウェーデンで、そして日本で、高齢者施設における生活実態を繰り返し調査してきた。また、住みなれた地域から引き剥がされた高齢者が生命力を萎ませなくてもすむような施設、ふたたび生命力を回復することができるような施設を実現するためにはどうすればよいのかという課題に向けて、具体的な施設計画、設計、監理、職員研修そしてフォローアップ調査を繰り返してきた。

● 基準は地域での暮らし

　高齢者の生活の場としての施設、高齢者の生命力が萎んでしまわない施設を計画する際、その立脚点をどこに置くのか。筆者はそれを「地域での暮らし」に置きたいと思う。

　高齢者施設を計画したり設計に携わったりするとき、迷ったりわからないことが出てきたとしたならば、その施設に入ってくると想定される高齢者の現在の暮らし、あるいはかつて暮らしていた地域における暮らし、そこへ戻って考えることによって、筆者は答えを見つけ出したいと考えてきた。

　それはなぜか。高齢者が地域で生活を続けているときの生命力に満ちた状態を、「原形」として押さえておくことがなによりも大切だからである。

　いいかえれば、地域での生活を起点にしてこそ、施設での生活との落差が見えてくるのである。その意味でまず、地域での暮らしから施設での生活への移行を経験させられる高齢者が直面する、いくつかの苦難に触れておく必要があるだろう。

●第1の苦難──施設に入る原因そのものによる苦しみ

　高齢者が施設に入ることになる場合、その原因がかならずある。たとえばご本人が冬の日の外出時に転倒し骨折してしまったとか、長いあいだ介護をしてくれていた奥さんが先に亡くなってしまったとか……といった原因である。

　転倒骨折のケースを考えてみよう。その高齢者は多少不自由を感じながらも自力で買い物に出かけたり、家事をこなしたりすることができていたのだが、骨折による移動機能の「喪失」によって、まずしたたかに打ちのめされることになる。伴侶に先立たれたケースでは、いうまでもなく人生の苦楽を共にしてきた自身の片割れを「喪失」したわけであるが、それにとどまらず、多くの男性の高齢者にとっては日常生活の支え手の「喪失」をも意味するだろう。

　そして、これらの第1番目の苦難に追い討ちをかけるように、第2番目の苦難が襲いかかってくる。

●第2の苦難──みずからがコントロールしてきた居住環境システムの喪失

　第2番目の苦難、それは長年住みなれた居住環境の「喪失」である。自分の家にいるとき、たとえば停電になって暗くなっても手探りで懐中電灯の在り処がわかったり、少々体調が悪くても自分の体をだましながら家事ができたりするように、長年住みなれた住まいのなかでは、物の配置のしかた、身体の動かし方、作業手順などにちょっとした工夫をしているものである。

　また、長く住んだ地域で一人暮らしをしていると、たとえば玄関に2日分の新聞がはさまっていると心配して声をかけてくれる人がいたり、一人分であっても食材を届けてくれる近所のお店があったりするだろう。

　地域で長年暮らしているなかで、たとえ身体の状態が変化したとしても、そこでうまく「住みこなし」ていけるようなさまざまなネットワー

クやシステムを、われわれは「財産」として築き上げてきている。暑ければこうやって窓を開ける、寒ければこのボタンを押して暖房を入れる、といったことを含め、自分の生活環境をコントロールすることができるトータルなシステムを、私たちは住まいおよび地域のなかにもっているのである。

その地域を離れて施設に入るということは、そうして築き上げてきた「財産」をすべて身ぐるみ剥がされて、海老のムキ身のような状態で移ってくることを意味するのである。これはたんなる居住環境の喪失というよりも、その高齢者にとっての「トータルな生活環境システムの喪失」というべき事態であるといえるだろう。これが第2番目の苦難である。

●第3の苦難──施設という非日常空間に移ることにより味わうさまざまな「落差」

さて、これら2つの苦しみに打ちのめされて施設に入ってきた高齢者は、ここで大きな「落差」に直面し、さらに苦しむことになる。それは地域の暮らしと施設での生活との落差である。

まず写真★07を見ていただきたい。

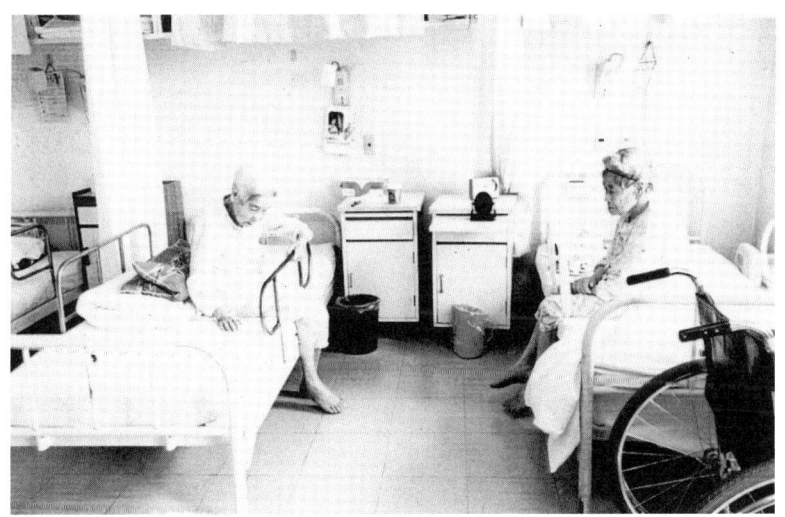

★07　施設で暮らす：特養ホームの六人部屋

この写真は、特別養護老人ホームの写真である。六人部屋というとかなり古い施設ではあるが、今日でも全国の特養のなかにこうした六人部屋は1割弱存在する。四人部屋となると5割を超える（全国老人福祉施設協議会［2000］）。また、この写真のように居室に自分の家具などを持ち込むことができない特養は全体の7割強にも及ぶ(同調査)。そういう意味でこの写真は、特段めずらしい施設風景ではないということができるだろう。
　それでは、地域で暮らしていた高齢者がこういう施設に入ったときに、どのような「落差」を感じるのだろうか。それを次に考えてみよう。

2　さまざまな落差

　地域で暮らしてきた高齢者が、生活の場を施設に移したとき経験させられる生活の「落差」——これは、施設職員の側からは見えにくい問題である。もし職員がそれまでの経験とスタンダード化された処遇のマニュアルに埋没していたら、気づくことはむずかしい。ここでは、さまざまな落差について具体的に論じていく。

2-1　「空間」の落差

●巨大で複雑な空間システムのなかで迷子になる

　地域で暮らしている高齢者にとっての「生活空間」とは、たとえば6畳、4畳半、玄関、縁側、台所といった間取りのある住宅のことを一般的には意味するだろう。

　一方で施設は、巨大な食堂やホール、幅が広く長い直線の廊下など、日常生活空間からかけ離れた大きなスケールの空間によって構成されている。さらに、特別養護老人ホームや老人保健施設によくみられる特徴として、非常に「繰り返し」の多い平面パターンの建物であることがあげられる。廊下に沿って四人部屋が直線的に並ぶ平面パターンが繰り返されたり、サービスステーションや寮母室を中心に左右反転して同じパターンになっていたり、さらにこのパターンが上下何層も続いていたり、というぐあいである。

　こういう施設では、たとえば居室から浴室まで誘導してもらった入居者が「帰りは自分で帰れるわよね」と職員に言われても、繰り返し同じようなところに出てきてしまって、自室に戻ってこられなかったりする。

★08　竣工したばかりのある特養ホーム：痴呆高齢者のための専用棟

これは、自分が把握できる「住宅」というスケールから、把握しきれない巨大で複雑な空間システムのなかに一挙に放り込まれてしまったという「落差」が一因だといえる。

● ここは学校です

　写真★08は、近年竣工したばかりの、ある特別養護老人ホームの痴呆専用棟の内観写真である。幅4〜5mの廊下のようなホールをはさんで左右に四人部屋が並んでいる。ホールの中央には病院の待合室にありそうな背もたれのないベンチが並び、ホールの突き当たりには横長の覗き窓がついた大きな引き戸が引かれている。

　ここに入れられる（ここに好んで入ってこられる高齢者がおられるだろうか？）高齢者にとって、この空間はどのような場として映っているのだろうか。地域で暮らしていたときの住まいの空間と引き比べ、スケールが居住空間を逸脱している。「和風」でないのはもちろんだが、「洋風か？」と訊かれてもそうともいいがたい。強いていえば、やはり「施設風」としか

答えられない空間である。しかもここには日常的な生活行為を展開するためのしつらえがまったく欠落している。高齢者（とくに痴呆性高齢者）は、住まいの空間とはかけ離れたこのような場のなかで、生活することはおろか、どう振る舞ってよいかわからないのである。

　筆者は高齢者施設の調査に訪れた際、入居しておられる痴呆症のお年寄りに「ここはどこですか？」とお尋ねすることがよくある。よく返ってくる答えが、「ここは学校ですよ」というものである。

　なんと鋭い感覚だろう。まっすぐな廊下に沿って同じような四角い部屋が並んでいる。しかもそこで主導権を握る職員は、しばしば指示形、禁止形、教育調で"垂直に"話しかけている。まさにそこは学校とそっくりなのだ。すなわち空間のスケールが日常生活空間のそれからかけ離れているだけでなく、生活行為の道具立てやしつらえの欠落、さらに（後に触れるが）職員の挙動や言葉が、高齢入居者の認知を混乱させたり、生活意欲を削いだりしているのである。

● **視線の問題** ── 一人になれない

　「空間」の落差に関して次にあげなければならないのは、「視線」すなわちプライバシーの問題である。

　施設に住んでいると、つねに誰かの視線を浴びなければならない。いつも誰かがまわりにいて見られており、一人になりたくても、一人の空間、一人の場というものがない。

　写真★09のような風景は、施設でよく見ることができると思う。現在ある施設の多くにおいては、一人になれる空間が居室にないため、高齢者はこうした場所で「一人の空間」「一人の時間」を獲得しているのである。

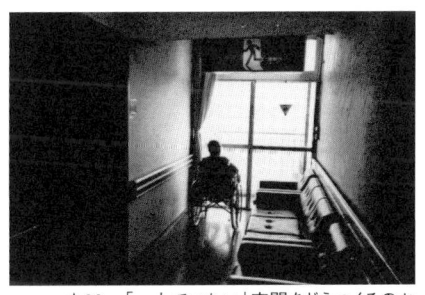

★09　「一人でいたい」空間をどうつくるのか

さまざまな落差

このことは、自宅にいるときとは大きな違いである。人は家に帰れば、畳で大の字になったり、裸になったり、ソファに身を投げたり、と他人の視線をまったく気にすることなく過ごせる空間をもっている。
　施設で働いている職員も、その施設を設計している設計者も、自分が家に帰ればそういう気ままな解放区をもっているのであるが、逆に、当たり前のことであるがゆえに、一人気ままな空間をもてていることの重要性に気づくことはむずかしい。
　いわゆる「体験入所」というのは、自分が住まないという前提での「体験」であるがゆえに限界があるかもしれないが、しかし設計者も、自分が設計した施設に数日間泊まってみることはそれなりの意味があることだと思う。

●気ままな空間をつくる唯一の方法は……

　さて、写真★07でも見ていただいたような六人部屋とか四人部屋のなかで、私たちが日常的にもっている気ままな空間をつくろうとすればどうしたらよいのだろう。
　たとえば、カーテンを引いたらどうか。しかし、カーテンを引いても隣の人がテレビを見ていれば聞こえてしまう。おならをすれば聞こえてしまうし、夜中に隣の人が起き上がってポータブルトイレを使えばそのにおいもするだろう。電気をつければ同室の人は起こされてしまう。カーテンを引くことでむしろ周辺を視覚的にコントロールできず（カーテンのすぐ後ろに人が立っていてもわからなかったりする）、かえって落ち着かない気持ちになる場合もある。これでは「一人気ままな空間」とはいえない。
　では、このような施設の空間条件のなかで、「一人気ままな空間」をつくる方法はあるのだろうか。筆者は長いあいだこの問いを抱えていたが、あるとき気づいた。その答えは「ある」のである。
　ボケればよいのだ。
　高齢者は、感覚を鈍らせていくことによって、はじめて施設のなかで

の生活が成り立っているのである。私たちは、この側面を決して見逃してはならないと思う。地域で長年暮らしてきた高齢者は、生活の場を施設に移したとき、これらの「落差」にとまどい、ストレスを感じ、混乱を繰り返しながら、やがてある種の感覚を閉じながら施設に適応させられていく。

2-2 「時間」の落差

●固有の生活リズムから集団のスケジュールへ

　次は、「時間」の落差である。自分の家で暮らしている高齢者は、長年積み重ねられた生活の帰結として、一人ひとり固有の生活リズムをもっている。たとえば朝食の支度をする前にちょっと畑仕事をする人もあれば、朝はゆっくりの人もあるだろう。朝ごはんのときにかならずテレビの連続ドラマを見る人もあれば、食事のときにはテレビのスイッチを切る人もある。みんな相当バラバラのリズムで一日を始め、そして、宵っ張りの人もいれば、早く床に就く人もいる。こんなぐあいにバラバラに一日は終わる。

　しかし施設に入った場合、その生活はどのようになるだろうか。

　朝いっせいに起こされ、次は食事時間、それから入浴時間というぐあいに、集団生活を前提としたスケジュールが組み立てられているのが一般的だ。

　地域で暮らしていた高齢者がはじめて施設に入ったとき、これは大きな落差に感じるであろうし、またそれに馴染んでいくのは大変なことであろう。馴染んでいく過程のなかで入居者は、地域での長年の生活習慣、固有の生活リズムを諦めさせられ、喪失していくのである。

●15時間の絶食、太陽の下での入浴

　こうして適応させられていく時間の落差のなかでも、とくに大きいのは夕食時間と入浴時間の落差だろう。

　多くの方がご存じのとおり施設においては、厨房の職員が夕食後の食器を洗浄し後片付けを終えて、さらに翌日の朝食の支度をしてから帰宅することを前提に、夕食の時間帯が設定されている。厨房の職員は日勤であり、家に帰ってまた家族の食事をつくったりするわけであるから、そういった時間的制約の範囲内で施設の食事づくりがおこなわれている。

　以前に筆者がいた研究所で老人病院を対象に調べたところでは、16時30分ぐらいに夕食が出てしまう施設が2割ぐらいあったと記憶している。糖尿病などのため決められた食事以外のものを勝手に補食できない人の場合には、17時ごろには終わってしまう夕食から翌朝8時の朝食まで全然食べ物を口にできない（15時間の絶食！）。こんなことが起こってくるのである。この不自由さは、在宅生活と比較すれば、やはり大きな開きがあると言わざるをえない。

　また、人間は夜中の2時ごろに血糖値がもっとも下がるのであるが、その際あまりに血糖値が下がりすぎると、痴呆の発生と相関があることが最近の研究では認められている。そうなると、ただたんに夕食の時間が早いのを我慢すればよい、という問題ではなくなってくるのである。

　次に入浴の時間についてである。これも地域で生活している人びとにとっては、温泉に行った場合などを除き、昼日中から入浴する習慣はないと思われる。

　特別養護老人ホームでは一般的に、午前中はデイサービスの人が入浴し、午後は入居者の入浴時間に当てられることが多い。しかし臨機応変に対応することの不得手な痴呆性高齢者は、入浴拒否という行動につながりかねない。「昼日中から風呂に入る」などということが、かれらにとって尋常ではないからである。つまり、尋常でないことを強制されて

いることを、かれらはある意味で正しく感じ取っているからなのである。

● 各駅停車と新幹線

　いまひとつ、高齢入居者が直面させられる施設での「時間」について触れておきたい点がある。それは、高齢者と介護職員のスピードの落差についてである。

　筆者の研究室では、学生が介護職員にマンツーマンで付いて、介護職員の動きと作業内容を平面図上に連続的に書き込んでいく調査をしばしばおこなっているが、学生がへとへとになってしまう。とにかく介護職員の動きは速いのである。とくに居室と共用空間や介護関連諸室が長い廊下で結ばれている施設においては、調査用にバスケットシューズを履いた学生が、しばしば介護職員に振り切られそうになるのである。

　反対に高齢者の動きはきわめて緩慢である。いわば高齢者と介護職員のスピードの差は、各駅停車と新幹線の違いである。入居者が何か訴えたいことがあっても、「寮母サーーーン」と叫ばなければ振り向いてもらえない。

　高齢入居者が施設のリズムに合わせるということは、動いている電車に飛び乗ろうとしているようなものかもしれない。一方的に介護職員が走り回って、おむつを換えたり、食べ物を入居者の口に入れたり、口の中に食べ物が残っているのにまた次の匙を入れたり、といった他動的な生活が入居者側に強いられることになる。

　自宅では、パーキンソン病などで手が小刻みに震えて食べ物をこぼしても気にすることなく時間をかけて口に入れていればよかった。施設では、それができない。この生活リズムの破壊、時間的な落差が、高齢入居者の心身に与える影響ははかりしれない。

2-3 「規則」の落差

●自己判断を捨てさせられる

　地域社会にも規則はある。しかしその成立手続きには、市民としてなんらかのかかわりをもっているのが常である。だからこそ責任も生じてくるし、おかしなルールであればそれに対して意見を言うことも基本的に認められている。

　しかしながら施設における規則は、社会におけるルールのように、構成員間の合意形成によって定められたものではない。管理者側、介護者側が一方的に定め、遵守を求めてくるものが主である。介護保険導入後においても、「公的サービスの恩恵に浴させていただいている」という意識が尾を引いていないとはいえない。

　長年、地域で暮らしてきた高齢者は施設に入ったとたんに、これまで自己判断のもとにおこなっていたさまざまな行為について、一方的に「規則」の遵守を求められる。入居に際して持ち込むことのできない所持物、生活時間や行動範囲に関する規則、外出や外泊の届け出、金銭管理の方法等々に至るまで、施設での生活にともなう規則は多岐にわたる。これらの諸規則によって、地域で大切に守ってきた、あるいは楽しみに続けてきた数々の生活習慣（生活の中身）を断念しなければならなくなる。

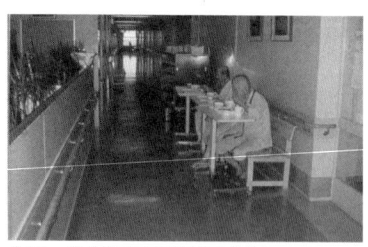

★10　ある施設：廊下での食事

　こうして施設における日常生活の中身は個別性を失い、貧しくなっていく。加えて諦めは無気力を生み、高齢者は生活する意欲を細らせ、生命力を萎ませていってしまうのである。

2-4　「言葉」の落差

●孫のような職員から一方的に指示される

　さらに、言葉の落差がこれに加わる。地域においては高齢者は基本的に長老であった。故事来歴はいうに及ばず、冠婚葬祭のルールといったものは「爺様」や「婆様」が何でも知っているものであるし、また、お婆ちゃんが漬けてくれる「漬け物」がいちばんおいしいのである。

　このように、地域のなかで誇りをもって生きてきた人びとが、すでに述べたようなさまざまな理由から施設に生活の場を移すことになる。するとその途端に、浴びせられる言葉が激変するのである。

　施設の職員が発する言葉のなかで目立って多いのは、「○○してください」という指示形あるいは命令形であり、「○○してはいけません」という禁止形である。それから「こういうふうにするんですよ」という教育調も多い。施設のなかの常識の多くは管理上の視点から形づくられたものであり、地域にあっては非常識といわざるをえないものも少なくない。

　分別も経験も豊かな高齢者、また地域においてそれなりの扱いを受けてきた高齢者が、施設に入った途端に自分の孫のような年代の、しかもアカの他人から一方的に指示をされる。この言葉の変化は、入所当初の高齢者にとってはたいへん大きなショックである。胃潰瘍ができて当然ではないだろうか。

　しかしこれは職員の姿勢の問題だけではない。職員の置かれている「環境」という側面を見逃してはならないだろう。

●「Sさん」が「鈴木さん」に戻るための環境とは

　仮に、施設に入居しておられる鈴木さんの居室があったとしよう。そ

の鈴木さんの個室には昔から大切にしてきたタンスが持ち込まれていて、鈴木さんの着物がそこに納まっており、棚の上には鈴木さんの家族の写真が飾られていて、壁にはかつて鈴木さんが手習いしていた書が掛けられていたりしたとする。そういう空間のなかでは、鈴木さんは鈴木さんでありやすいと思われる。

　そのような場合、殊更にマニュアルをつくって「ノックをしてから居室に入るように」といったことを指示しなくとも、職員は入口のドアの前でノックをし、一呼吸置いて鈴木さんの返事を待ってから部屋に入るといった行動を自然にとるだろう。

　しかし、個人の生活や仕事、人生を感じさせるようなものを持ち込むスペースもなく、六人部屋や四人部屋のなかで絶えず他人の視線に晒されていたら、プライドや羞恥心も薄れてしまうだろう。そして、食事のたびごとに介助職員がスプーンで繰り返し口の中に食べ物を差し入れ、高齢者はただそれを受けるためだけに口を開けている、というような状況が繰り返されているとしよう。その場合、たとえマニュアルには「高齢者に幼児語で語りかけてはいけない」と書かれてあっても、職員の口調はだんだんと赤ちゃんに話すような口調になっていってしまうのである。

　人間とはじつに恐ろしいもので、知らず知らずのうちに環境に影響を受け、行動が変質するのである。

● 会話内容は空間構成と関連している

　言葉に関するいまひとつ重要な落差は、職員と入居者間で、あるいは入居者同士のあいだで交わされる「会話の中身」である。筆者の研究室では、高齢者施設におけるタイムスタディのなかで、この会話の内容を分類し比較分析を重ねている。空間構成やケア方針の異なる施設間で、会話内容のかなりの構造差が存在することが明らかになってきている。

図I-1　入居者と職員の間でかわされる言葉の相違

施設タイプ	K施設 (個室ユニットケア型高齢者施設)	J施設 (従来型高齢者施設)
調査入居者数 および調査時間	8人×6時間=延べ48時間	12人×12時間=延べ144時間
地域に関連する言葉	学校、先生、私の家、雪、青年会、桜、ボランティア、弘前	カラオケ
生活に関連する言葉	チョッキ、ベスト、ふろっこ、部屋、テレビ、テーブル、ひな祭り、甘酒、お菓子、梅の花、ごはん、コーヒー、クリープ、お茶っこ、ココア、紅茶、麦茶、雛人形、枝、嫁っこ、マージャン、じゃんけん、乾杯、豆乳、絵、電気、タンス、あられ、くつ	会費、コップ、ごはん、カーテン、カロリーメイト、ジュース、お茶
直接的介護に 関する言葉	タオル、まくら、リハビリ、おむつ、車椅子、血圧、体温、点滴、手首、おしり、くすり、おしっこ	車椅子、おしっこ、風呂、ひげ、オリゴ糖、胃、おしめ、大便、下剤、くすり、便器、タオル、エプロン

　図Ⅰ－1は、集団一括処遇が展開されていた六人部屋主体のJ施設と、全室個室でユニットケアが展開されているK施設において、入居者と介護職員のあいだで交わされる会話に登場した「名詞」を記録したものである。K施設は調査対象者がJ施設の3分の2と少なく、調査時間も3分の1しかなかったにもかかわらず、K施設のほうが圧倒的に生活に関連した言葉が豊かに交わされ、会話の内容が地域での暮らしに近いものになっていることがわかる。

　地域と施設を比べると、さらに大きな落差が存在することが容易に想定されるだろう。

2-5　最大の落差——役割の喪失

●生きる実感は……

　地域と施設の生活の落差を考えるための、最終かつもっとも重要な視点として、ここでは「役割の喪失」について触れておきたい。

　地域に暮らす高齢者は、たとえ床に臥しがちの生活であっても、なんらかの役割を果たしているものである。たとえば88歳になる遠藤さんは、朝ごとに孫が学校に行くべき時間が近づくと、それを知らせることが習慣になっている。孫のほうもいつのころからか、それを目安にするようになっている。

　また遠藤さんは、たとえただそこに寝ているというだけであっても、日に数人、声を掛けにくる地域の昔馴染みがいて、枕元でお茶を飲みながら油を売っていく。身体の調子がすぐれ、お天気のよい日は、短い時間、庭先に出て花木を眺めたり草むしりをしたり、起き上がって編み物をしたりする。いま編んでいるのは孫のマフラーである。

　私たち人間は、ただ人から「受ける」だけでは生きていけないし、生きがいを感じることもできない。一方的に人から与えられるだけでは、

> **Column　音の硬さ**
>
> 　なかなか気づきにくいかもしれないが、音環境の落差というのも意外に大きなものである。テープレコーダーを自宅の茶の間に置き録音状態にしておけば、その音環境をある程度記録することができる。同様に施設のなかで録音すれば、その施設の音環境の断面をとらえることができる。
>
> 　この両者を聞き比べるとはっきりするのだが、音の硬さが違う。施設空間では、職員の歩く音も含めて、「施設の音環境」ができあがっている。それは、布や紙や畳などが触れあって生じる自宅の音環境とはまったく異なる。こうした音環境の違いも、とくに視覚障害のある入居者の場合などは、非常な緊張を強いられる原因となるだろう。

★11　洗濯物をたたみに集まってくる

★12　高齢者を内側から輝かせるものは何か

人は生きている手ごたえを感ずることができない。私たち人間は誰でも、何かの「お役に立てる」とうれしく感ずる動物なのであり、そうした手ごたえの日常的な積み重ねが「生き甲斐感」を生んでいるのである。

　また地域では、ただ生活していくためだけでも、日々のさまざまな役割や仕事がある。身の回りの生活環境（温度、湿度、明るさ、音など）を自分の身体の調子に合わせてコントロールしたり、衣、食、住に関する日々の、そして12か月の生活の働きがある。それらはときに面倒でつらいこともあるが、ときに暮らしのなかの充実感や喜びをも与えてくれる。

　施設に入り、一方的に介護を受ける「客体」にされてしまい、ただお世話されるだけの日々が流れていくなかでは、高齢者はこうした暮らしの手ごたえからくる「生きる実感」を受け止めることができない。

　とくに現在高齢期を迎えている世代は戦争を経験し、戦後の貧しいなかから、みずからの楽しみを求めるよりもまず家族や子どもたちのために働き、与えつづけてきた世代である。この世代にとっては、人に与え、役立つことが大きな生き甲斐でありつづけてきたといっていいだろう。かれらにとっては、何の役にも立たず、他人から与えられるだけの生活からは、生きる意欲や意味を実感することがきわめて困難であろうと思う。

なにか意味のあることをしている（本人はそんなことは思っていないが）手ごたえ、日々の暮らしの働き、これらを失ってしまった結果、高齢者の内的生命力は徐々に萎んでいってしまう。たとえ何もかも世話をしてくれる状態であっても、そのお世話によって内側から輝くことはできない。

●**サービスがあっても不満は消えない**

逆にいえば、施設であっても、自由に自分たちの気の合う仲間同士で交流したり、何かを創り出したり、「役割」や「出番」を見いだせる場や仕掛け、きっかけが存在すれば、入居者は生命力を萎ませることなく、そこを「自宅でない在宅」としてふたたび暮らしの場にしていくことが可能になるだろう。

かつて有料老人ホームがどんどん建設されていたころ、各施設がサービス内容を競い合い、ホテルのようなサービスで顧客への差別化を図っていた時期があった。しかし、実際にいくつかの有料老人ホームを繰り返し訪問して気づいたのだが、たとえば億単位に近い一時金を支払って入られた方が、三度の食事サービスはもちろんのことフロントサービスであるとか、その他さまざまなサービスを受けているにもかかわらず、必ずしもそれが満足感につながらない。いろいろなサービスを受ければ受けたで、他人が受けたサービスとの違いが気になったりして不満が出てくる。

★13　食事の支度も暮らしの大切な中身

Column 自宅でない在宅

「在宅か施設か」という二元論の中間に、たしかに「自宅でない在宅」というものがあろう。しかし筆者は、むしろ中間というより、高齢者の居住が施設と在宅とに二極分解していく構図のなかで、それを止揚する立体的なオルタナティブ（alternative：他にとりうる道）として「自宅でない在宅」を積極的に位置づけたいと思う。

それはたんに、住む場所の問題ではない。たとえ住みなれた自宅を離れて施設に移ったとしても、再び個人としての生活領域が形成され生命力が萎むことがないのなら、施設も「自宅でない在宅」でありうる。

ポイントは、そこが処遇の場なのか、生活の場なのか、である。それは職員と高齢者の関係を見ればわかる。高齢者が一方的にケアを受けるような「垂直な関係」か、一人の市民として住んでいる「水平の関係」か、である。

●観客席から「舞台」へ上がっていただく仕掛け

サービスの種類や量を競い合っているかぎり、絶対にこうした不満は消えないと筆者は思う。それどころかサービスの質や量を上げれば上げるほど、不満は大きくなるかもしれない。なぜなら「満足度」とは、分母が「期待感」であり、分子が「受け取った結果」だからである。

しかもこの場合に問題なのは、高齢者が観客席に座ったままで、舞台の上の「分母と分子の関係」が値踏みされているところにある。たくさんお金を払っている人は、分母としての期待感が限りなく大きく、分子に限りない結果を求める。当然のことながらどんなにサービスを高めても、分母が巨大であれば満足度は上がらないのである。

高齢者側の満足度を上げるためには、高齢者に舞台に上がっていただく仕掛けが必要だ。高齢者が「その気になれる」場づくりが不可欠なのである。この場づくりをするためには、入居者一人ひとりを「市民」としてとらえたうえで、「規則」や「言葉」や「役割」のあり方をいま一度見直してみなければならない。そのとき、空間やしつらえといった物理的環境が果たせる役割はきわめて大きいのである。

II

落差を埋めるための「思考」

1　個人的領域の形成

　住みなれた地域から引き剥がされ、施設に生活の場を移すことになった高齢者にとって、施設での生活・環境が地域でのそれから大きくかけ離れたものになっており、高齢者はその「落差」によって混乱させられたり、意欲を削がれたりしていることについて述べてきた。本章では、こうした「落差」を埋め、施設への環境移行後における高齢者の適応を助ける施設のあり方、生命力が萎まない施設のあり方について論じていこうと思う。

1-1　「身の置き所」という視点

●生活空間を段階的に組み立て直す

　地域での住みなれた環境から引き剥がされ、「ムキ身」の状態で新たな施設環境のなかに置かれ、地域での生活との落差に苦しむ高齢者の状況に対して、施設環境を計画し形づくる側からどのような対応が可能であろうか。

　まずその手立てのひとつは、個人がいきなり大きな施設全体（この場合、物的のみならず人的・社会文化的環境をも含めた施設全体を指す）と向き合わされる構図を崩し、まず「個が守られる空間」、次に「数名の個で共有できる空間」、そして「小規模なグループのまとまりの単位」、さらに「施設全体」、といったように生活領域を段階的に組み立て直すことである。

　もちろん、施設の全体規模の問題も重要であろう。加えて、もっともプライマリーな個が守られる空間のなかには、入所者が大切にしてきた身近な家具や小道具が持ち込めたり、他者の視線を直接浴びずに気まま

に過ごせる空間の仕掛けが必要である。また、温度・湿度や明るさ、音環境など、自分の生活環境コントロールができること、個々人の生活のペースが守れるための生活上のルールと同時に、介護体制のフレキシビリティがあることもきわめて重要である。

● 一人部屋があればいいのではない

　福祉施設などの個室化論議において従来見落とされてきたのは、「その人にとっての身の置き所の保障」という視点である。それは、たんに物理的に一人部屋が確保されることとは異なる。

　たとえ一人部屋が与えられたとしても、まったく私物のないよそよそしい空虚な空間であったならば、それは独房あるいは保護室ではあっても個人の生活領域とはなりえていない。また、その部屋が中間的な分節空間を経ずにいきなり集合的な大空間に接していたりすれば、入居者間の自然発生的な人間関係は容易に編み上げられない。つまり、安心感を醸成してくれる馴染みの関係はきわめて形成されにくいのである。

1-2　私物と個人的領域

● 私物が身の置き所をつくる

　図II−1は、ある社会福祉法人が運営する高齢者住宅、軽費老人ホーム（以下、〈軽費〉と略す）、養護老人ホーム（以下、〈養護〉と略す）、特別養護老人ホーム（以下、〈特養〉と略す）において、居室内に持ち込まれている家具について調査した結果である（高橋ほか、[1993]）。

　高齢者住宅から〈軽費〉、〈養護〉、〈特養〉へと、持ち込まれている家具数が激減していくのがわかる。また、居室内床面積に占める家具の占有面積割合を調べたものが図II−2である。ここでは逆に、〈軽費〉から〈特養〉にかけて一人当たり居室面積が狭くなるため、家具の占有面積

図II-1　各施設ごとの家具の個数

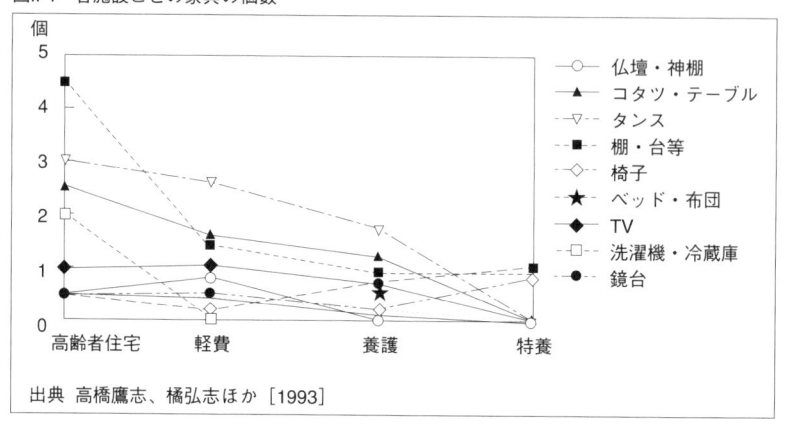

出典　高橋鷹志、橘弘志ほか［1993］

図II-2　プライベートゾーン内の家具の占有割合

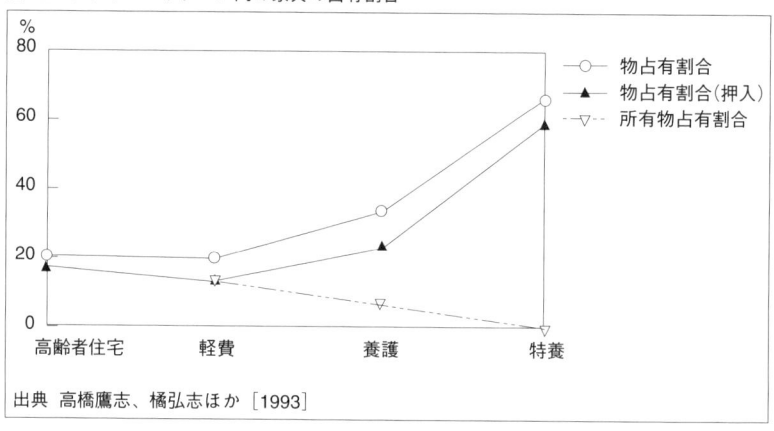

出典　高橋鷹志、橘弘志ほか［1993］

割合が急激に高まっている。しかし、そのうち入居者本人の所有家具が占める割合をみれば、ここでも〈軽費〉から〈特養〉にかけて大幅に減少している。〈特養〉に至っては、ベッドと床頭台といった施設家具以外にほとんど自分の所有する家具の持ち込みはなく、〈養護〉においても所有家具は限定的である。

　さて、所有家具をはじめとする私的な持ち込み物は、当初用意された「一人部屋」としての空間が「自室」として認識され、自己の「身の置

★14　個室における私物①　　　　★15　個室における私物②

き所」として拠点形成されていく過程において、決定的に重要な役割を果たす。それは一日の生活時間を充たしていくための基本的な生活行為や趣味、楽しみといった個人的活動をするうえでの道具立てや仕掛けといった意味合いにとどまらない。その入居者の過去からの生活あるいは人生の反映であったり、個人的嗜好や人格の表出であったり、さらには他者との関係構築の手掛かりになったりするのである。

したがって、たとえ居室が個室化されても、私物の持ち込みが大きく制限されたり、そもそも私物を持ち込むべきスペースがなかったりする場合、そこは「身の置き所」とはならないのである。

●馴染むにしたがって私物も増える

図II—3は、ある個室化された特養の居室に持ち込まれた物品の全容を整理したものである。こうして一つひとつ数え上げてみると、じつに夥しい種類の物が、そこでの生活を支えているということがわかる。

また図II－4は、その特養における個室内に持ち込まれた物品が、開設時以降どのように時系列的に変化していったかを示している。施設で用意した物の増加がさほどみられない一方で、私物の持ち込み数は調査を重ねるたびごとに明瞭に増加している。

興味深いのは、入居者の従前居住形態によって増加の伸びに違いが出ていることである。しかしここで確認しておきたいことは、いずれの群においても持ち込み物数が明らかな増加をみせていることである。

図II-3　居室に持ち込まれた家具や物

施設からの物	施設家具	●最初から置かれた家具・物 ベッド・引き出し棚・床頭台・椅子・畳・マットレス・布団・スタンド・ゴミ箱・脱衣カゴ ●ケアの必要に応じて入れられた器具類 ポータブルトイレ・エアマット機器・リフト機器・台車	program物
	施設小物	●その後の生活のなかで皆に配られたり、慰問でもらった小物類 紙の書類立て・紙メダル・造花・千羽鶴・似顔絵・写真・カード・色紙・賞状・切り絵・人形・飾り・お守り・飲料	
持ち込んだ私物	必要私物	●施設から言われて持ち込んだ必要品 湯飲み・コップ・洗面器・タッパー・バケツ・歯磨き・石鹸・洗剤・タオル・ティシュ・ウェットティシュ・薬・クリーム・クシ・吸い呑み・し瓶・杖・シェーバー・おむつ・眼鏡・靴・スリッパ・上履	personal物
	その他私物	タンス・引き出し・ワゴン・カラーボックス・棚・ガラス棚・本棚・押入収納・衣装ケース・洋服掛け・冷蔵庫・卓袱台・テーブル・椅子・ソファ・仏壇・鏡台・TVラジオ類・座布団・枕・カーペット・手押し車・食器入れ・小物入れ・トレイ・タオル掛け・箱・段ボール・風呂敷・袋・カゴ・手紙入れ・缶・時計・カレンダー・温度計・カーペット掃除器・ちり取り・掃除機・カーテン・扉の目隠し・ステンドグラス・アルバム・写真・絵・色紙・人形・置物・造花・お守り・植木・プランター・花瓶・花・水槽・金魚鉢・急須・茶筒・お茶セット・茶碗・皿・カップ・ポット・盆・菓子・缶飲料・煙草・果物・ライター・コーヒー・雑誌・本・句集・新聞・パンフレット類・画板・ノート・手紙・ペン・本立て・ルーペ・はさみ・ナイフ・セロテープ・秤・リハビリ器具・編み物・鏡・化粧品・ドライヤー・薬箱・救急箱・裁縫箱・懐中電灯・位牌・数珠・マット・毛布・布団カバー・鞄・巾着・帽子・服類・ショール・サンダル・傘・うちわ・孫の手	

出典　橘弘志ほか［1997］

図II-4　前居住形態ごとの持ち込み物——一人当たり点数の推移

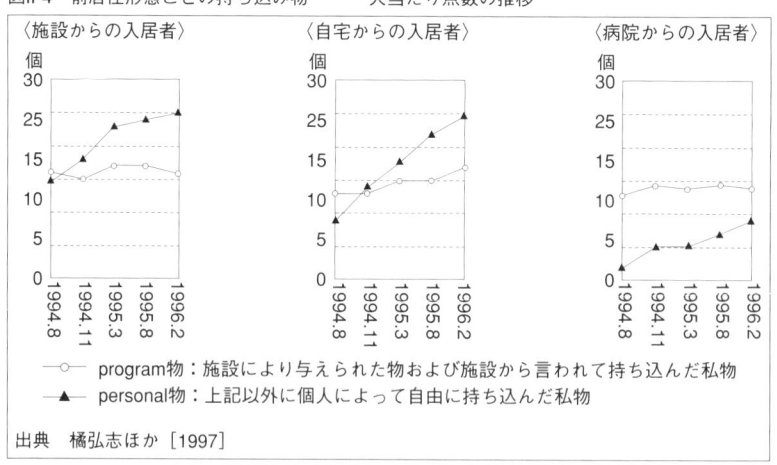

〈施設からの入居者〉　〈自宅からの入居者〉　〈病院からの入居者〉

―○― program物：施設により与えられた物および施設から言われて持ち込んだ私物
―▲― personal物：上記以外に個人によって自由に持ち込んだ私物

出典　橘弘志ほか［1997］

また自宅からの入居者であっても、入居時点で一挙に地域での生活の場の再現を実現しようとするケースはまれで、徐々にそこでの生活に馴染んでいく過程のなかで、いいかえれば施設におけるその生活の場が自分の住まい、「身の置き所」であると感じられるようになるにしたがって、入居者は私物を少しずつ整えていくことが明らかとなっている。そしてそのことがさらに、そこが自分の「身の置き所」であるという認識を強化していく。このように、「相互作用のプロセス」として居室の個人的領域化が進んでいくということが見えてきたのである。

　ここから明らかになるもうひとつのことは、自分の居室が置かれている「施設という場」が入居者にとってどう理解されているか（映っているか）によって、いいかえれば、その施設との関係性のありようによって、その入居者の居室へのかかわり方に違いが出てくるということである。すなわち、居室が入居者にとって「身の置き所」となるか否かは、その外部に広がる共用空間の質に左右されるということである。それでは次に、共用空間のあり方について考えてみよう。

1-3　施設のなかで個人的領域をどうつくるか
「プライベートゾーン」から「パブリックゾーン」へのシナリオ展開

●中間領域（セミ−プライベートゾーン）がリズムを変える

　第Ⅰ章で述べたように、従来高齢者施設の共用空間は、往々にして日常的な住まいの空間スケールからかけ離れていた。体育館のように天井の高い巨大な空間であったり、見渡すかぎりにテーブルが並べられた大食堂であったりと、高齢者が緊張せずに自然に振る舞うことがむずかしい空間であった。

　こうした大空間で職員のイニシアティブによって指示・誘導されながら、三度の食事やプログラム、アクティビティが展開されている。そして、こうした大空間と個室のあいだを「往ったり来たり」の二拍子のリ

ズムで、日常生活が組み立てられているのである（図Ⅱ-5・6）。

　ここに決定的に欠落しているのは、複数の入居者によって自然発生的に交流が発生しうる場、入居者自身が共用空間のなかにも見出すことのできる自分の「居場所」である。

　入居者が主導権を握れるこうした「中間領域（セミ-プライベートゾーン）」が生成されるための仕掛けを施設空間内に豊かに用意する——これが建築計画・設計時の重要なテーマとなる。

　具体的には、いくつかの個室が居間や廊下のアルコーブといった「親しみやすい空間」をまず共有することによって、いきなりホール状の大きな空間に接しないように計画すること、中庭などを臨む通路の開口部や端部に接して、数人が腰を下ろせる場を演出することが有効である。また空間計画上の意匠としては、畳の小上がりや、入り口近くの土間の上がり框（かまち）（写真★17）、庭に面した濡れ縁（写真★18）など、高齢入居者が地域の生活のなかで十分に馴染んだしつらえを採用すると、入居者の自然な交流場面が引き出されやすい。

　こうした「セミ-プライベートゾーン」にそれぞれの居場所を獲得していくことを通して、施設空間のなかに自分にとっての住まいの場を広げていくことができる。それが日常化したとき、生活のリズムは単純な二拍子のリズムから脱却し、一人ひとり個別のリズムを打ちはじめているだろう（中間領域としての「セミ-プライベートゾーン」の重要性については、73頁以降で詳述）。

●4つのゾーンを考える

　さてここで、図Ⅱ-7に示した4つのゾーンについて説明しよう。

　入居者にとっては、まず居室が「身の置き所」として保障され、そこに日常生活を支えるさまざまな物が持ち込まれ、配置され、掲示されることをとおして、自己のアイデンティティが空間内に外示化され、プライベートなテリトリーとしての領域が形づくられていく（プライベートゾー

図II-5 二拍子の居場所

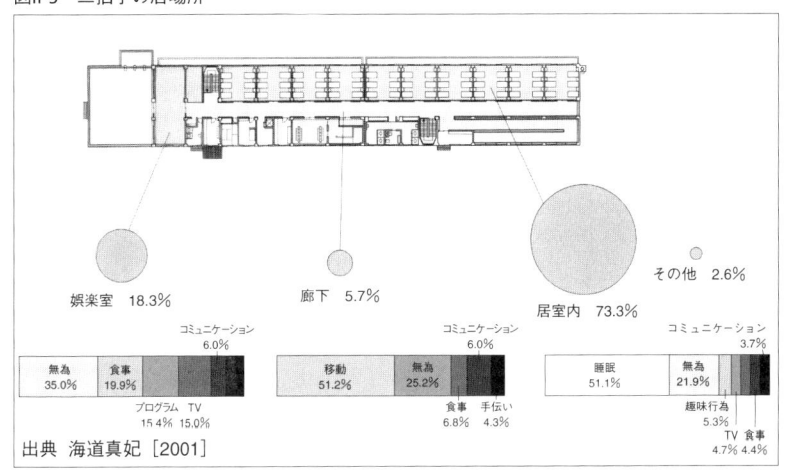

娯楽室 18.3%　廊下 5.7%　居室内 73.3%　その他 2.6%

コミュニケーション 6.0%	コミュニケーション 6.0%	コミュニケーション 3.7%
無為 35.0%　食事 19.9%　プログラム 15.4%　TV 15.0%	移動 51.2%　無為 25.2%　食事 6.8%　手伝い 4.3%	睡眠 51.1%　無為 21.9%　趣味行為 5.3%　TV 4.7%　食事 4.4%

出典 海道真妃 [2001]

図II-6 二拍子の生活

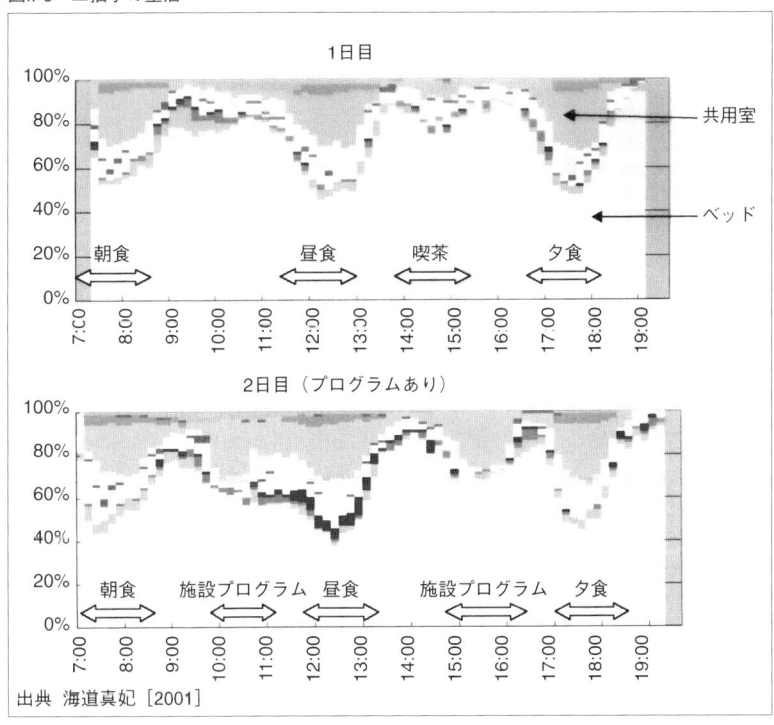

1日目

共用室
ベッド

朝食　昼食　喫茶　夕食

2日目（プログラムあり）

朝食　施設プログラム　昼食　施設プログラム　夕食

出典 海道真妃 [2001]

個人的領域の形成

★16　プライベートゾーン：お化粧 　★17　セミ-プライベートゾーン①上がり框

★18　セミ-プライベートゾーン②濡れ縁

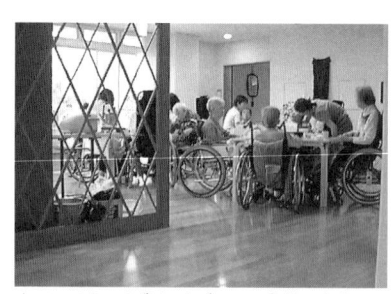

★19　セミ-パブリックゾーン：食堂で食事 　★20　パブリックゾーン：移動販売

図II-7　施設内の領域の定義

プライベートゾーン	入居者個人の所有物を持ち込み管理する領域	入居者
セミ-プライベートゾーン	プライベートゾーンの外部にあって複数の利用者により自発的に利用される領域	複数の入居者
セミ-パブリックゾーン	基本的に集団的かつ規律的行為がおこなわれる領域（プログラム間の空白時間には個人の自発的行為もおこなわれる）	職員（寮母）
パブリックゾーン	内部居住者と外部社会の双方に開かれた施設内領域	職員（管理スタッフ）および地域住民

ン）。それと並行して、他者（職員、家族、友人）がこの領域に出入りする際の意識に変化が生じ、領域の管理（コントロール）に関する主導権が入居者の側に固まっていって、入居者と他者との関係性が変化していく。また、この領域を「訪問する」、あるいはこの領域へ「呼び込む」といった入居者間の交流をとおして、密度の濃い特定の人間関係が醸成されていくのである。

　さらに入居者は、居室に生活のベースを置きながら、その外部に広がる身近な空間のなかに出ていく。固定したメンバーによって、あるいは緩やかなつながりの人間関係のなかで他の入居者と共有化された場を形成したり、お気に入りの居場所を獲得しながら、施設空間を「住まいの場」へと徐々に変化させていくのである（セミ-プライベートゾーン）。

　その一方で入居者は、スタッフによって提供される食事や入浴介助等のサービスを受けたり、集団やグループでのアクティビティに加わったりする場も日々経験する必要があるだろう。そこでは、ちょっと背筋を伸ばし、興奮し、ときには少し無理したりもしながら過ごすことになる（セミ-パブリックゾーン）。この領域の空間計画においては、高齢者に「その気になってもらえる」場の創出を心がけることが大切だ。とかく職員によってつくり出されがちな、幼稚で子どもっぽい雰囲気の場ではなく、成熟した大人の文化が立ちこめる場ができあがっていかなければ、「やらせ」による活性化の限界を越えられないだろう。

　そしてさらに、とかく施設内だけで生活が完結してしまいがちな入居

者にとって、地域の人びと（デイサービスの利用者、移動販売員、ボランティアなど）が日常的に訪れ、さまざまな活動を展開する場（地域交流スペースなど）に出かけていくことを通して、地域社会との接点をもつことができるだろう（パブリックゾーン）。

　このように入居者は、「プライベート」から「セミ-プライベート」「セミ-パブリック」を経て「パブリック」に至るさまざまな領域での生活展開を、日々選択的につなぎ組み立てながら毎日を過ごしていくのである。こうした一人ひとりの場の使い方、時間の過ごし方の生活シナリオが安定的に定着してきたとき、その入居者にとっての個人的領域形成がなされたということができるだろう。

●ある入居者の生活シナリオから

　図II-8は、筆者が設計にかかわった個室型特養「おらはうす宇奈月」の、ある入居者の生活シナリオである。たとえ施設であっても、そこには入居者の数だけの、思い思いのシナリオがなければならない。

　ひるがえって考えてみると、こうした個人的領域形成プロセスの基本的な骨格は、高齢者が通常、地域において住まいを移った場合とさほど大きくは異ならない。言い方をかえれば、高齢期に施設へ生活の場を移すことになっても、その選択が本当にみずからのものであり、施設の人的・物的環境がこのような個人的領域形成のプロセスの成立を阻まないものであるならば、高齢入居者は環境移行後も生命力を弱めることなく、人間－環境関係をふたたび構築していく可能性が十分にあるということである。

図II-8　入居者の生活シナリオ

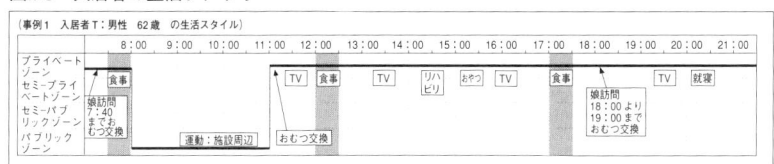

(事例1　入居者T：男性　62歳　の生活スタイル)

下半身不随のTさんは一日のほとんどをベッド上で過ごす。TVを見て過ごすことが多いが、体力を維持するためベッドに滑車重垂訓練器を取り付け毎日30分訓練し、晴天日は手動自転車で施設周辺を回遊する。部屋の機能性を重視し、温度調節、日差し等室内環境への要求も高い。娘が一日2回訪問し、訓練の手助け等を定時的におこなう。職員の入室はおむつ交換と食事のときに限られ、それ以外は自分のリズムで生活している。

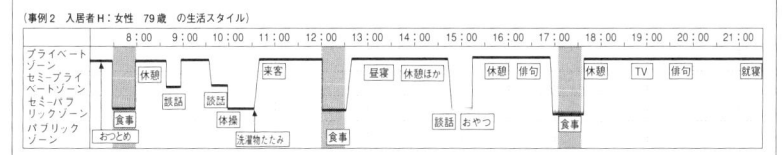

(事例2　入居者H：女性　79歳　の生活スタイル)

特養から入所したHさんは脳梗塞後の右上下肢不全麻痺で、移動に車椅子を使用している。毎朝おつとめを欠かさず、夕食後は部屋にこもって俳句づくりに興じる。持ち込み品が多く、ベッド回りには俳句に関する資料や接客用の道具等が密度高く置かれ、扉周辺には訪問者を意識した飾り付けがなされている。地域の友人や俳句仲間など訪問者が幅広い。在室時間が長いが、句会（月1回）や洗濯物たたみ等で共同空間を使う。

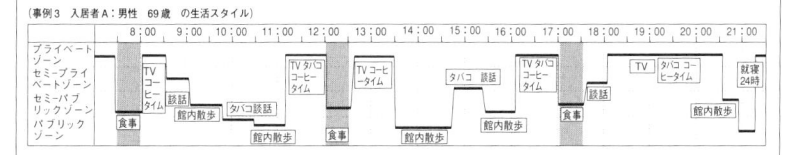

(事例3　入居者A：男性　69歳　の生活スタイル)

かつて建設業をしていたAさんは、脳卒中後の左片麻痺で杖を使用している。自由時間も自室で過ごす時間は短く、浴室前や電話コーナーなどに定席を持ち、館内を散策する。施設内には友人がなく、デイに来る地域の友人と歓談することを楽しみにしている。娘が週2回訪れてくるが、居室ではなく食堂などで面談する。扉の小窓にはステンドグラスシールを貼っている。テレビは一日中つけ、在室時は必ずコーヒーとタバコ。就寝は夜12時。

出典　井上由起子ほか［1995］

2　実証的「個室批判」批判

　前節では、「施設のなかでの個人的領域形成」という考え方の全体像を示した。本節では、この個人的領域形成のプロセスにおいてもっとも基本的な相となる「身の置き所」の保障について、より端的に表現すれば「居室の個室化」について、わが国の現状に触れながら、できるだけ具体的に論じてみたいと思う。

　なおここでいう「施設」とは、期間が限定された一時的な入院入所ではない高齢者居住施設を、具体的には特別養護老人ホームをイメージしている。しかし以下の検証内容は、老人保健施設や入院期間が長期にわたる療養型などの老人病院でも基本的に妥当する点が多いはずである。

2-1　「個室＝引きこもり」か?

　世の中で、個室化に関連して主張されている言説には以下のようなものがあるだろう。
- 個室ではプライバシーは守られるが、引きこもりにつながりやすく孤立しやすい
- 個室化すると介護職員の移動距離が長くなり、労働負荷が増大する
- 個室は同室入居者の目がないので、容態急変への対応が遅れる

　一方で多床室については次のように言われる。
- 多床室ではプライバシーは犠牲になるが、入居者同士の交流がある
- 多床室は介護がしやすい
- 多床室は入居者の目があるので安全である

　では、実際にはどうであろうか。

●個室と多床室のタイムスタディから

　筆者らは1995～96年にかけて、当時の厚生省の委託で『特別養護老人ホームの個室化に関する研究』(同報告書は全国社会福祉協議会・高年福祉部より1996年3月発行) をおこなった。

　この研究では、個室化の進んだ特養と、四人部屋主体の特養のあいだで、個人の生活空間や生活展開、介護上の労働負荷などを科学的に比較することを試みている。具体的には、いずれもケアの質が高いといわれる四人部屋主体の特養と個室主体の特養を選択し、そこにおける入居者一人ひとりの行動観察によるタイムスタディ (15分間隔) と介護者の介護行為追跡調査 (1分間隔) をおこなった。

　入居者のタイムスタディでは、まず一人ひとりの入居者の顔を覚えたうえで、各人がどこで、どういう姿勢で何をしておられるのか、また会話をしている場合は誰と会話をしているのかを記録した。

　調査の結果からはまず、個室型特養のほうが多床室型特養よりも居室への滞在率が高いという言説、すなわち「個室＝居室への引きこもり」という単純な図式は成立していないことがわかった (図II-9)。

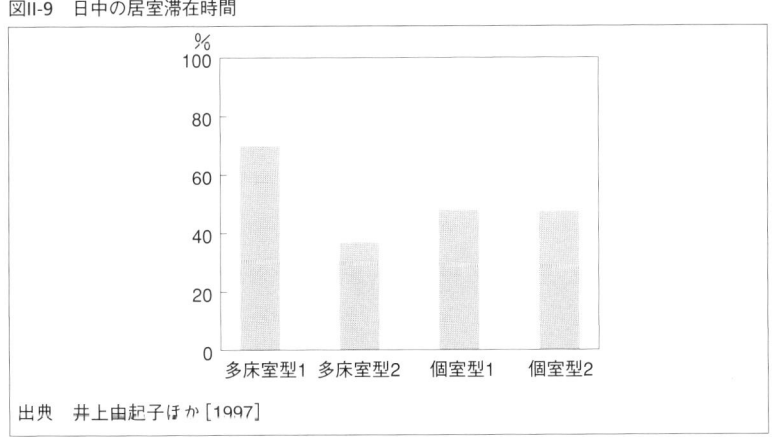

図II-9　日中の居室滞在時間

出典　井上由起子ほか [1997]

●なぜ多床室で没交渉となるのか

　また、四人部屋における入居者同士の交流に関するデータは次のとおりである。

　四人部屋内での入居者同士の会話は全体の行動観察をおこなった時間のうち4％しか存在せず、「多床室＝活発な入居者間の交流」とはけっしていえない結果となった（この点に関しては、筆者の研究室でおこなった、6人部屋特養での日中12時間連続の1分間タイムスタディにおいても実証された。7時〜19時の日中のあいだ、入居者間の会話がまったく存在しない部屋が全室の3分の1も存在し、2回以下しかなかった部屋を含めると、なんと全体の3分の2を占めていたのである）。

　朝起きても同室者同士は互いにあいさつをしないことも確認された。手を伸ばせばほぼ手が届くような間隔でベッドが並んでいても、あたかも見えないガラスの壁が互いのあいだに張りめぐらされているかのように、多床室入所者の没交渉な生活の実態がみえてきたのである。

　しかしこのことは、多床室のなかで生活する高齢者の側に立てば容易に理解できる。

　夜間、たとえば隣の入居者がトイレで起き上がりポータブルトイレに座る。音がする。灯りがつけられる。においがする。一方、反対側の同室者のいびきがうるさい。こうして夜間の眠りが分断され、眠りはおのずと浅くなる。日中になって、自分が見たいとも思わないテレビを隣でつけられれば、居室のほかに自分の居場所をもたない入居者にとっては場を外すこともできず、大きなストレス源となる。同室者間の物の紛失（実際はしまい込み場所の忘却によることが多い）をめぐるトラブルも日常的である。

　互いのプライベートな領域が重なり合いながら、ほかに逃げ場もなく、絶えず他者の目にさらされて過ごす生活のなかでの相互関係は、大きな生理的ストレス源となっていく。

図II-10 個室と多床室における領域形成の違い

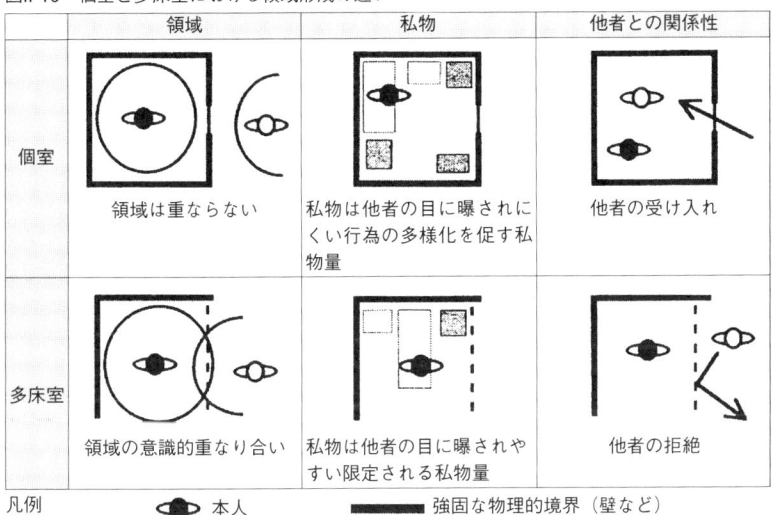

	領域	私物	他者との関係性
個室	領域は重ならない	私物は他者の目に曝されにくい行為の多様化を促す私物量	他者の受け入れ
多床室	領域の意識的重なり合い	私物は他者の目に曝されやすい限定される私物量	他者の拒絶

凡例　●本人　○他者　──強固な物理的境界（壁など）　----緩やかな物理的境界（カーテン、窓）

出典　井上由起子ほか［1997］

●人と出会うためには「身の置き所」が必要なのだ

　あたかもお互いが存在しないかのように、同じ空間のなかで没交渉に暮らす。それはまるで、現実の四人部屋・六人部屋の生活のなかでは、他者と一緒にいることの「負の教育」がされているのと同じである。すなわち一緒にいることは楽しいことではなく、トラブルも起こるし、ストレスも生じてしまうということを、意識下で日々刷り込まれているようなものだ。そういう生活のなかでは、人と共にいることが楽しいことだという原則自体が否定されているに等しい。

　こうした実態を踏まえるならば、居室の個室化は、それによって一人ひとりの身の置き所を保障し、一人になる逃げ場（自分を取りもどせる空間）を保障することをとおして、他者と交流する意欲がわいてくるのを促すところにポイントがあるといってもよい。すなわち高齢者施設の居室スペースを個室化することは、孤立・孤独の心配とはまったく逆に、「人

と出会う」、あるいは「人と交流する」意欲を回復するためなのだと筆者は思っているのである。

そもそも多人数居室における交流促進論をふりかざす施設管理者、介護職員あるいはいわゆる世間一般の人びとは、みずからは誰にも気兼ねなく過ごせる「気まま空間」を自宅にしっかり確保したうえでこうした言説を主張している。しかし、多人数居室に暮らす高齢者ご自身は、そうした「逃げ場」のない状態のなかで四六時中他人の視線にさらされながら生活しているのである。しかもかれら高齢者は、そもそも個室か多人数居室かを選択したり、判断したりする状況に置かれてはこなかったのである。

2-2 「個室にすると仕事が増える」か?

●一括処遇から個別処遇の時代へ

個室化をめぐって明らかにすべきいまひとつの課題は、「居室を個室化すると、介護量の著しい増大を招くのではないか」という懸念についてであろう。個室型特養の多くは、国の基準を上回る職員数で入居者の介護に当たっており、個室化がある程度の介護職員数の増員をもたらしているのは疑いようのない事実である。しかしここで忘れてはならないのは、近年、介護サービスのあり方が「大規模一括処遇」から、入居者の残存能力や自立意欲などを考慮した「個別処遇」へと変わってきているという点である。

一括処遇が一般的であった時代には、誘導さえすれば自力で排泄が可能な高齢者にまでおむつが当てられ、ベッドからベッドへと機械的に排泄介助がおこなわれるのが当たり前であった。しかしながら介護方針が個別処遇へと変化すると、排泄介助の形態はトイレ誘導、ポータブル、おむつなどに分かれる。一人当たりの介助時間も入居者の状態によって、

1分弱ですむ人から10分以上かかる人までさまざまに異なる。そのため、一人のスタッフが多人数居室において入居者全員の排泄介助を順次おこなうような状況は見受けられなくなっている。一括処遇のもとで支持されてきた「多床室は個室に比べて介護職員の移動距離がはるかに短くてすむ」という主張自体が妥当性をもたなくなってきているのだ。

　介護職員の移動距離を左右するのはむしろ、生活単位ごとに介護職員が固定的に配置され小規模単位でのケアを展開する、いわゆる「ユニットケア」の方式がとられているかどうかが大きい、ということがわかってきている。

　図Ⅱ-11は、多床室主体の特養における寮母の排泄介助の動きである。入居者の個別性を配慮して排泄介助をおこなうため、一人の寮母が多床室にて順次排泄介助をおこなう状況は見受けられず、「多床室のほうが寮母の移動が短い」とは必ずしもいえない。

　スタッフの移動距離の短縮という観点からは、むしろケア介護単位の小規模化が効果的である。これについては後ほど第Ⅲ章のユニットケアの項 (76頁) で論じることにしよう。

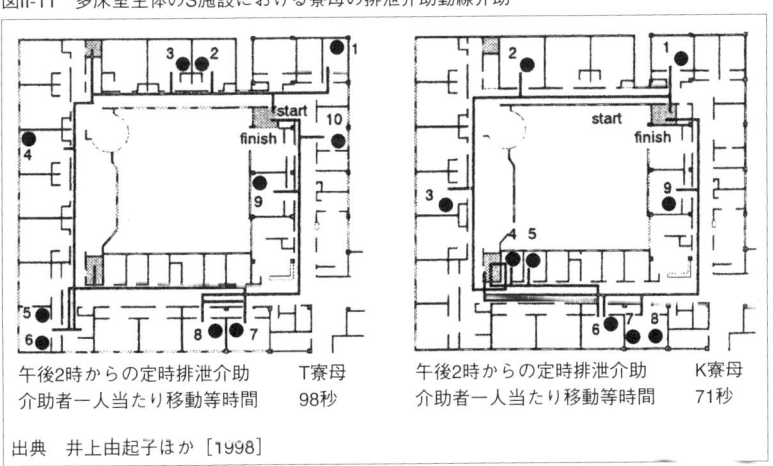

図Ⅱ-11　多床室主体のS施設における寮母の排泄介助動線介助

午後2時からの定時排泄介助　　　　T寮母
介助者一人当たり移動等時間　　　　98秒

午後2時からの定時排泄介助　　　　K寮母
介助者一人当たり移動等時間　　　　71秒

出典　井上由起子ほか [1998]

●個室は個別処遇にフィットする

　一方、個別処遇、個別ケアを展開する前提に立つとき、個室はきわめて重要な機能を発揮する。排泄介助や更衣介助にともなう羞恥心が少ない、排泄の失敗が他の入居者にさとられにくいため自尊心や自立心が保たれやすい、他人に聞かれたくないような内容の会話がゆっくりとできる等々である。

　同室者へのサービスと自分へのサービスの違いに不満をもつ入居者（入居者には"えこひいき"と映ることも多い）への配慮も不要となり、納得のいく介護をスタッフ側が提供しやすいという側面も無視できない。また、多床室における同室者間のトラブル回避のために割かれている直接・間接の介護や配慮も無視できない。

　一方、個室化によって自室が保障されることにより入居者の自己管理意識が高まり、自分の居室の掃除をしたり、居室内の洗面で下着や衣類を洗濯するなど、スタッフに任せていた業務の一部を日常生活の一環として入居者本人がおこなうようになることも確認されている。

2-3　「多床室だと互いに助け合う」か？

●同室者に背を向けてテリトリーを守る

　「孤立化」「スタッフの労働負荷の増大」に続いてしばしば主張される個室化に対する反論として、「目が届かない」、あるいは「容体が急変したときに発見が遅れる」という指摘がある。しかし前出の『個室化に関する研究』でのヒアリング調査の結果では、入居者の容体の急変は同室者によってはあまり発見されておらず、巡回してきたスタッフが発見するケースがほとんどであることが報告されている。

　図II－12は、すでに触れた六人部屋主体の特養において、7時から19

図II-12 多床室における顔の向きと姿勢

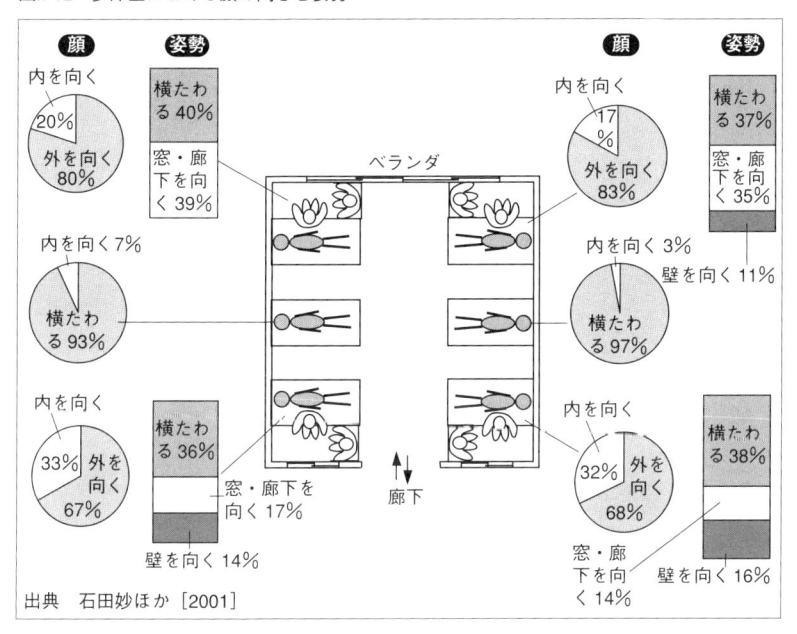

【左上】顔：内を向く20%／外を向く80%　姿勢：横たわる40%／窓・廊下を向く39%
【右上】顔：内を向く17%／外を向く83%　姿勢：横たわる37%／窓・廊下を向く35%
【左中】顔：内を向く7%　姿勢：横たわる93%
【右中】顔：内を向く3%　姿勢：横たわる97%／壁を向く11%
【左下】顔：内を向く33%／外を向く67%　姿勢：横たわる36%／窓・廊下を向く17%／壁を向く14%
【右下】顔：内を向く32%／外を向く68%　姿勢：横たわる38%／窓・廊下を向く14%／壁を向く16%

中央：ベランダ／廊下

出典　石田妙ほか［2001］

時までの12時間のあいだ、各入居者がどこで、どういう姿勢をとり、何をしているかを1分間ごとに記録したものを六人部屋のベッド位置ごとに重ねたものである。

　この図からわかるように、入居者はほとんどの時間、同室者に対し背を向けた姿勢をとって過ごしている（日中12時間のうち窓側で約80％、廊下側で約70％、中央のベッドで約90％）。同室者同士は交流するどころか、むしろ互いにかかわりを避けて生活している様子が浮かび上がってきたのである。

　夜間の同室者のポータブルトイレ使用やいびきによる睡眠中断、物取られトラブルなどによるストレスに対して、同室者同士は互いに目に見えない壁をつくり、感覚を閉じ合うことによって生活が続けられているのだ。言い方をかえれば、同室者の容体が急変してもわからないくらい互いに無感覚・無関心になることによって、高齢入居者はかろうじて多床室内に自己のテリトリーを守っているのである。

実証的「個室批判」批判

多床室における同室者同士の交流や相互の支え合いという局面は、期間が限定された一時的な入院・入所ではない居住施設の場合、このように実際に調査をしてみるとほとんど出てこない。「多床室ならば交流があり入居者同士の安全が保たれる」という言説は幻想であるといってよい。

2-4　個室化という視点からケアを考え直す

● 「個室化の意味が出てくるケアのあり方」とは

　以上、個室と多床室をめぐるいくつかの言説の検証をおこなってきた。ここで、そもそも個室化の前提となるケアの方針との関連で少し述べておきたい。
　施設ケアの方針として、個別処遇とかプライバシーの尊重は、10年以上も前から処遇目標としては掲げられつづけてきている。しかし、その方針を個別のケア手法のなかに具現化していない施設にとっては、いくらハードを個室化しても、それはただスタッフの動線が長くなったり、管理の目が届かなくなったりを嘆くことになるだけである。
　繰り返すが、基本的にまず利用者を一人格として受け止め、個人の尊厳を大切にする。プライバシーを尊重する。そういう方針を具現化していくケア手法を前提としたとき、はじめて個室化の意味が出てくるのである。

● 個室化と家族の絆

　その一方で、個室であるというハード条件だけで変化が期待できるのは、家族との関係である。
　多人数居室にいる家族を訪問する場合、同室者を考えて好物の手みやげをどうするかなど、毎度毎度いらぬ配慮で気骨が折れる。また仮に、

孫が入学試験で合格してその喜びの報告をしに行ったときに、いきなり喜びを表現するということに躊躇があるだろう。同室に身体のぐあいが悪く横になっている方がおられるかもしれないし、まったく状況の違う方が目と鼻の先におられるからである。すなわち、「喜びや悲しみの感情を直接的に表現することが困難な空間」として多人数居室があるのである。

基本的に家族の交流や絆は、喜怒哀楽の感情表現をベースにして成立しているわけであるから、それが率直に表出できない状況のなかで家族としての絆を強めていくことは困難である。一方、個室であれば遠慮なく喜怒哀楽の感情を表現することができる。他の入居者を気遣わずに、自由に好物を携えていつでも訪ねられる。場合によってはそこで一夜を明かすこともできる。こういうことを通して家族との関係が回復し、絆が強化される。

個室化の進んだ特養では、家族の訪問が目に見えて多い。ほとんど毎日仕事帰りに母の様子を見にくる息子や、朝晩父の部屋に寄って決まった介助をしていく娘もいる。ちょうど父や母の部屋がその施設に位置しているように、である。

Column　問題解決、その前に

痴呆性高齢者に対して「○○の問題行動を起こす→それに対して△△のように対応すればよい」という対処療法的アプローチ、事後対応的なケアをマニュアル化していこうという手法が、今日多くの施設において採られている。しかしその前に、なぜそのような問題行動を起こすのかを考えるべきではないか。

生活行動を喚起させる環境的なフレームや舞台が用意されていない状況では、「ケアがうまくいかない」「問題行動がなくならない」のは当然の帰結である。問題行動といわれるものは、多くの場合、ケアを含めた生活環境がよくないという高齢者からのSOS信号であることがわかるだろう。

「すばらしいケアをする」ことを考えるよりも、まずは「そのような行動を引き起こす環境を変える」ことが先決ではないだろうか。

●人生を閉じる空間としての「個室」

　しかし読者のなかには、「こうした個室化のメリットは、自分である程度の生活行為を遂行することのできる入居者にのみ妥当するのでは？」と思っている方もおられるのではないだろうか。

　筆者の研究室では、三次元のごく微細な動きでも時系列的に記録できる機器を用い、最重度要介護高齢者の睡眠－覚醒リズムを計測することによって、個室と四人部屋にいるほとんど寝たきりの状態の高齢者間の比較をおこなった。対象としたのはケア・介護の方法論や手法が同じ同一法人の2つの特養である。従来型の多床室主体の特養と、全個室の特養において3日間にわたってデータをとりつづけた (図II-13)。

　結果はきわめて明瞭な差を示した。四人部屋の高齢者の夜間睡眠リズムが同室者の発生する音などによって小刻みに分断されている一方、個室においては連続した睡眠が確保されていた。また昼間においても、四人部屋においては覚醒状態が続かず幾度も睡眠状態に入っているのに対し、個室のほうは連続的な覚醒状態が保てていた。

　要するに、人間の生活にとって生理的にもっとも基本となる睡眠－覚醒 (サーカディアン) リズムが、四人部屋においては崩されていたのである。四人部屋の入居者が個室に移ることで、睡眠－覚醒リズムが改善され、生活意欲や生命力がよみがえる可能性は十分に考えられる。

　また、最重度でターミナル期を迎えた高齢者にとっての個室の必要性についても触れるべきだろう。筆者は、ハード・ソフト両面が噛み合った個室型特養で、家族の希望から入居者の最期を看取ったいくつもの事例を知っている。今際の床に家族が集い、入居者の手を握りながら最期の別れの時間を共有する。もし個室でなかったら、この最期の、本人にとっても家族にとってももっとも重要な場と時間は成立しえなかったであろう。

　人生の幕引きである「死」はもっとも個人的なものであるし、また、

図II-13　高齢者の一日の生活と睡眠・覚醒リズム

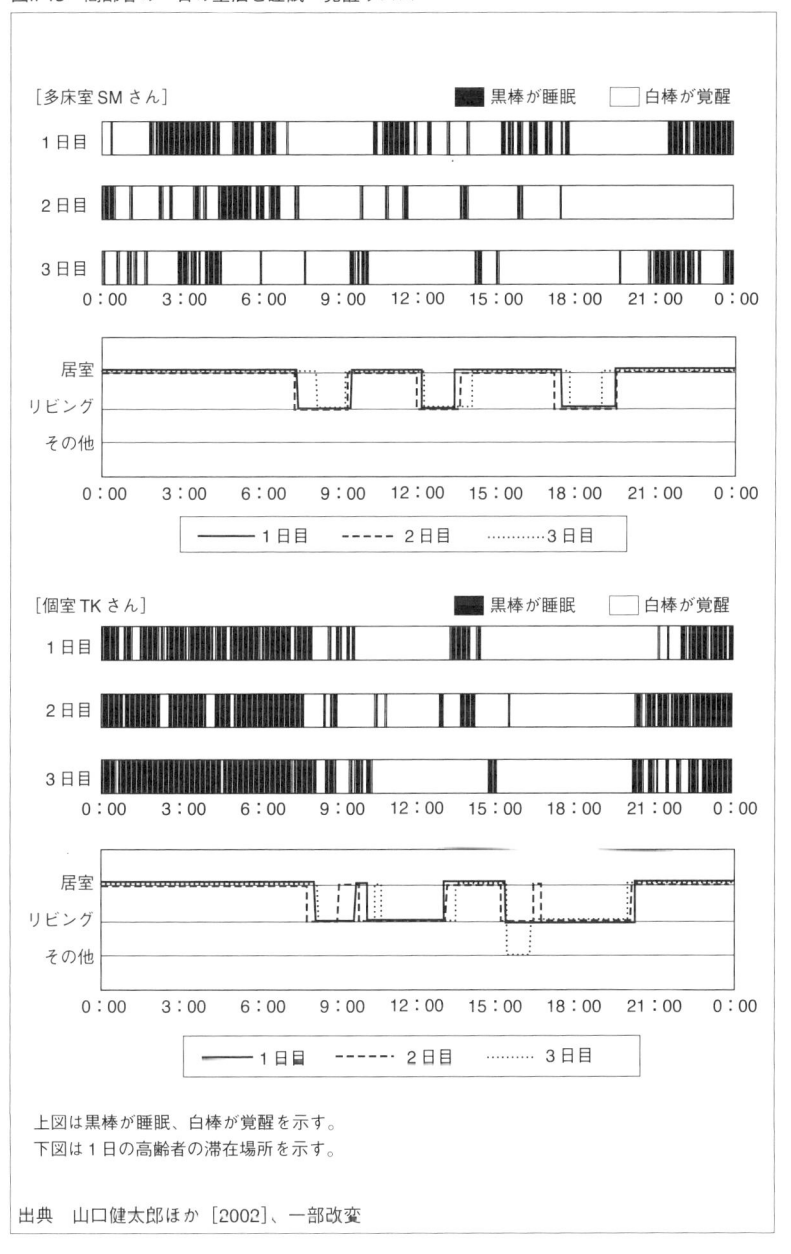

[多床室SMさん]　　　　　　　　　　　■ 黒棒が睡眠　　□ 白棒が覚醒

1日目

2日目

3日目

　　0:00　　3:00　　6:00　　9:00　　12:00　　15:00　　18:00　　21:00　　0:00

居室
リビング
その他

　　0:00　　3:00　　6:00　　9:00　　12:00　　15:00　　18:00　　21:00　　0:00

　　──── 1日目　　----- 2日目　　……… 3日目

[個室TKさん]　　　　　　　　　　　■ 黒棒が睡眠　　□ 白棒が覚醒

1日目

2日目

3日目

　　0:00　　3:00　　6:00　　9:00　　12:00　　15:00　　18:00　　21:00　　0:00

居室
リビング
その他

　　0:00　　3:00　　6:00　　9:00　　12:00　　15:00　　18:00　　21:00　　0:00

　　──── 1日目　　----- 2日目　　……… 3日目

上図は黒棒が睡眠、白棒が覚醒を示す。
下図は1日の高齢者の滞在場所を示す。

出典　山口健太郎ほか[2002]、一部改変

個人的に扱うべき事柄である。その人の歩んできた人生の道程が、その瞬間に、家族やごく親しい人びとによって回顧される場である。その厳粛であるべき場が、家族も集えない雑居部屋でよいはずがない。

　長い人生で最期に辿り着いた生活の場である「そこ」で、この人生でもっとも重要な時を締めくくることを保障するべきであると思う。

3　中間領域の重要性

　前節では、高齢者施設の個室化をめぐる言説の検証をおこないながら、「身の置き所としての個室」を保障することの重要性について述べた。しかし、たとえすべての居室を個室化しても、そこに本人が大切にしている所有物が持ち込まれず（筆者はこれを「一人部屋」と呼んで、個室とは区別している）、高齢者自身にとって心安らげる身の置き所が形成されなければ、それは保護室か独房に過ぎない。また個室の外の空間が貧しく、ただまっすぐな廊下が続いているだけであれば、入居者間の自発的な交流は容易に醸成されないだろう。

　ここでは、それぞれの居室のあいだの関係、居室と共用空間の関係、共用空間のあり方などをとおして、中間領域の重要性について考えてみたい。

3-1　居室間の関係

●小さな共用空間を介して各居室がつながる

　図Ⅱ－14の①は、従来の四人部屋主体の高齢者施設における「居室と共用空間の関係」を模式的に示したものである。

　②は、居室を個室化した場合に陥りやすい空間構成の模式図である。直線的な廊下に沿って一列に個室が並んでいる。このような平面構成では廊下が長くなりがちであり、こうした空間は移動空間にしかならない。その結果、隣同士の馴染みの関係が形成されにくく、入居者は廊下の端部にある大きな空間で展開されるプログラムやアクティビティに参加させられるか、あるいは個室に閉じこもるかという、二極化した生活に陥

りがちである。

　③のように、いくつかの個室がまず居間やリビングのような小さな共用空間を共有し、それを介してさらに公共性の高い共用空間へと連結していく空間構成であれば、入居者はまず気の合う幾人かの隣近所の入居者と馴染みの関係を形成する（写真★21）。そこで自然発生的な交流が生まれたり、安心して過ごせる場の獲得にもつながる。そのうえで、さらに大きめの人の輪の中でしだいに馴染みの関係をつくり上げていくことが可能になるだろう。

図II-14　居室と共用空間のあり方

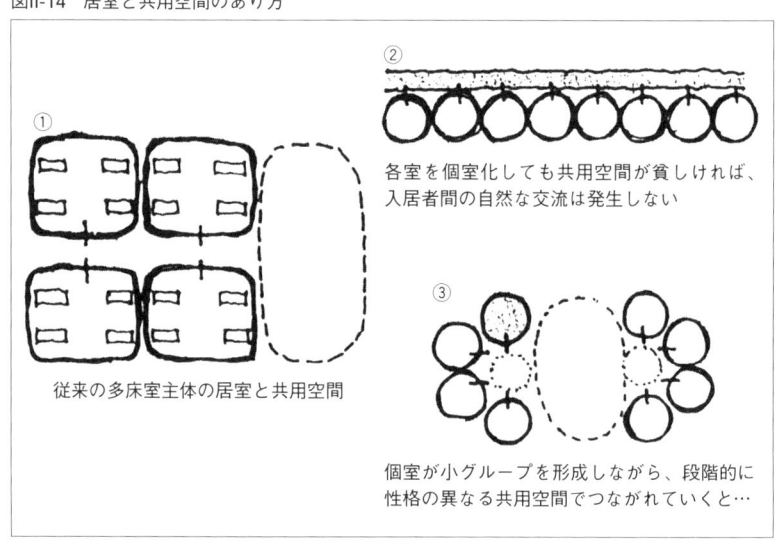

① 従来の多床室主体の居室と共用空間

② 各室を個室化しても共用空間が貧しければ、入居者間の自然な交流は発生しない

③ 個室が小グループを形成しながら、段階的に性格の異なる共用空間でつながれていくと…

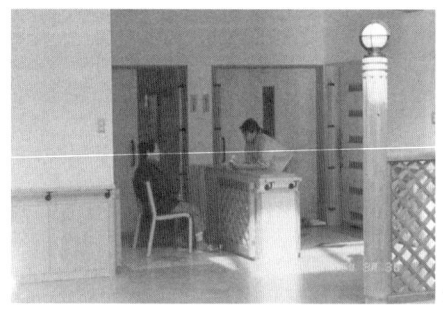

★21　居室を出たところで会話

3-2 居室と共用空間の関係

●内玄関の意味

次に、居室と共用空間の関係について考えてみよう。

個人の「専用空間」と複数の他者が共有する「共用空間」との結節点、そこにはまず扉がある。高齢者がかつて暮らしていた地域での住まいにおいては、そこには玄関があった。他者の訪問を受け贈り物を受け取ったり、家族を送り出したりしただろう。客として内部に招じ入れることはなくても、そこでけっこう長い時間、近隣の親しい人と茶飲み話にふけったりもできる。じつにさまざまな生活の場面が展開され、たくさんの記憶がそこでつくり出されたのである。

施設では、入居者にとっての玄関が、一般的には存在しない（施設に存在する玄関は外部からの訪問者のためにあるもので、上述した意味での入居者にとっての玄関とは異なる）。空間が不在であれば、そこで展開される生活行為も成立しにくい。とくに、頭のなかで置き換えたり、想定したりすることがきわめて困難な痴呆性高齢者にとっては、空間の消滅が直接的に生活行為の消滅に帰着しがちである。

入居者にとっての公私の切り替え空間を施設のなかに実現するための試みとして、筆者はある痴呆性高齢者グループホームの計画で「内玄関」をつくってみた（写真★22）。そこは、馴染み

★22 内玄関

中間領域の重要性　067

の関係ができた他の入居者を待ったり、挨拶を交しあったりする場所である。入居後の追跡調査のなかでは、この内玄関でさまざまな日常生活のシーンの展開が確認されている。

● 覗き窓は「覗かれ窓」

　次に、居室と共用空間との間を隔てる間仕切の建具について考えてみたい。

　通常、そこには引き戸か開きの扉が存在する。しばしばそれには覗き窓がついている。個室化すると職員は個室のなかで利用者が何をしているか、どのような状態にあるか気になり、中の様子を把握する必要を感じるのである。この窓が設けられたのは、基本的に職員のニーズからであって入居者のニーズからではない。

　筆者は、自分が計画にかかわった施設が竣工するとかならずその居室に体験宿泊することにしている。帰国後初の計画事例のとき、まだ検証結果や裏付けデータもないなかで、引き戸に縦長の窓を付けてしまった個室で体験宿泊をしたことがあるが、一晩落ち着いて眠ることができなかった。案の定、利用者が入居して間もなく、この窓には内側から和紙やカラーシート、カレンダー、布などで目隠しがされていった。

　現在でも多くの医療系の施設では、個室の扉に覗き窓がついているのが一般的である。内側にカーテンを付けたり、窓の形状や位置を工夫したり、開口を小さくしたりと、さまざまな配慮をしている事例も少なくない。しかし、この覗き窓というものは不思議なもので、配慮のつもりで穴を小さくすればするほど、中にいる側からすると「覗かれている」という気持ちが強くなるのである。

　近年、筆者は、こうした居室と共用空間とを間仕切る開口に、和格子を使うようになった（写真★23）。逆に開口を全部開いてしまうという手法である。これまた不思議なことに、素通しの和格子がそこにあるだけで、中にいる側に「外を眺める」という意識が生じ、「職員の側から覗

★23　和格子出入り口

かれている」という意識が消えるのである。

　しかしもちろん入居者の視覚的プライバシーを保護する必要があるので、格子の内側に戸襖を引き、そのあいだの踏み込み部を内玄関として位置付ければよい。入居者の「身の置き所」が居室内に形成され、近傍の入居者とのあいだに馴染みの関係が形成されてくれば、多くの入居者は、昼間のあいだ和格子の玄関を引き、内側の戸襖を自分の気分に合わせて開いたままで、自室内での時間を過ごすようになるものである。

● **書院窓で環境をコントロールする**

　いまひとつ居室と共用空間との関係を調整する仕掛けとして、筆者は、居室と共用空間のあいだに「障子の書院窓」を設ける試みをしている（写真★24・25）。「入居者本人がプライバシーを確保することと交流への欲求を、この窓を閉じたり少し開いたりして表現できるように」というところに意図がある。これは「プライバシー」と「交流」のバランスをとる大切な手立てであると同時に、自分の生活環境をみずからコントロールする能力を回復することにもつながるだろう。

中間領域の重要性

★24　書院窓（入居者）　★25　書院窓（スタッフ）

　また職員側からすると、夕刻以降、部屋のなかに明かりが灯ると入居者の様子がときおり障子にシルエットとして映り、職員はそれを観察することができたり、わずかの障子の隙間を通して内側から気取られずに視線介護をおこなうことができるという利点がある。

3-3　共用空間のあり方

●「セミ-パブリックゾーン」を入居者のものに

　さてここで、肝心の共用空間そのもののあり方について述べよう。
　いままで幾度か言及してきたように、従来の高齢者施設の共用空間は、住まいのスケールを著しく逸脱した体育館様の大きな空間であったり、テーブルが数多く並べられた大食堂だったりすることが多い。そこでは基本的に食事やリハビリ、レクリエーションといった大集団でのプログラム行為が展開されてきた。
　筆者が「セミ-パブリックゾーン」と呼んでいるこの領域は、これまで職員が主導権を握り、入居者からは施設側のコントロールの強いプログラム空間として意識されてきた。しつらえとしても、「空間の落差」の項（23頁）で述べたように、「和風」でないのはもちろんだが、さりとて「洋風」ともいいがたく、やはり「施設風」としかいいようのない、

生活感の希薄な雰囲気である場合が常である。日常生活の舞台とはいえない落ち着かない大きな空間のなかで、入居者は当初どう振る舞ってよいかとまどわざるをえないだろう。

　ここで施設の生活に適応していくということは、共用空間をみずからの個人的な生活の舞台としてしだいに獲得していくことではなく、施設的なプログラムによって調教された空間利用に馴らされ、地域での生活のなかで長年培ってきた日常生活行為の空間作法や生活文化を失っていくことを意味するのである。

　従来の高齢者施設における入居者にとっての空間構成は、4人部屋主体の居室と、この「セミ-パブリックゾーン」としての共用空間のみによって構成されていたといってよいだろう。

　筆者はここに、身の置き所の保障としての個室空間（プライベートゾーン）と、入居者が主導権を握れる共用空間のなかの場としての中間領域（セミ-プライベートゾーン）と、施設内でありながら入居者が地域との接点を経験することができる「パブリックゾーン」が必須であると考える（45頁参照）。

Column　モチベーション発動装置としてのスタッフ

　これまで大集団のケアのなかでは、マニュアルやプログラムどおりに、可もなく不可もなくスケジュールをこなしていく介護をおこなってきたかもしれない。しかしユニットケアやグループホームでは、相手は一人ひとりの個人になる。スタッフは教科書を捨てて、自身の判断で一人ひとりのモチベーションのボタンを作動させていかなくてはならなくなる。

　高齢者ケアでいちばん重要なポイントは、このモチベーションである。つまり、「いかに本人にやる気になっていただけるか」である。モチベーションというのは本人自身が欲求や願いを抱いたときに高まるものだ。

　そのためには高齢者同士の相性やスタッフとの組み合わせなど、人間関係そのものを利用することも必要となる。スタッフには、グループダイナミクスや個々の関係をも視野に入れてケアを展開する力量が問われることになるだろう。

図II-15　各領域における平均滞在時間と展開される場

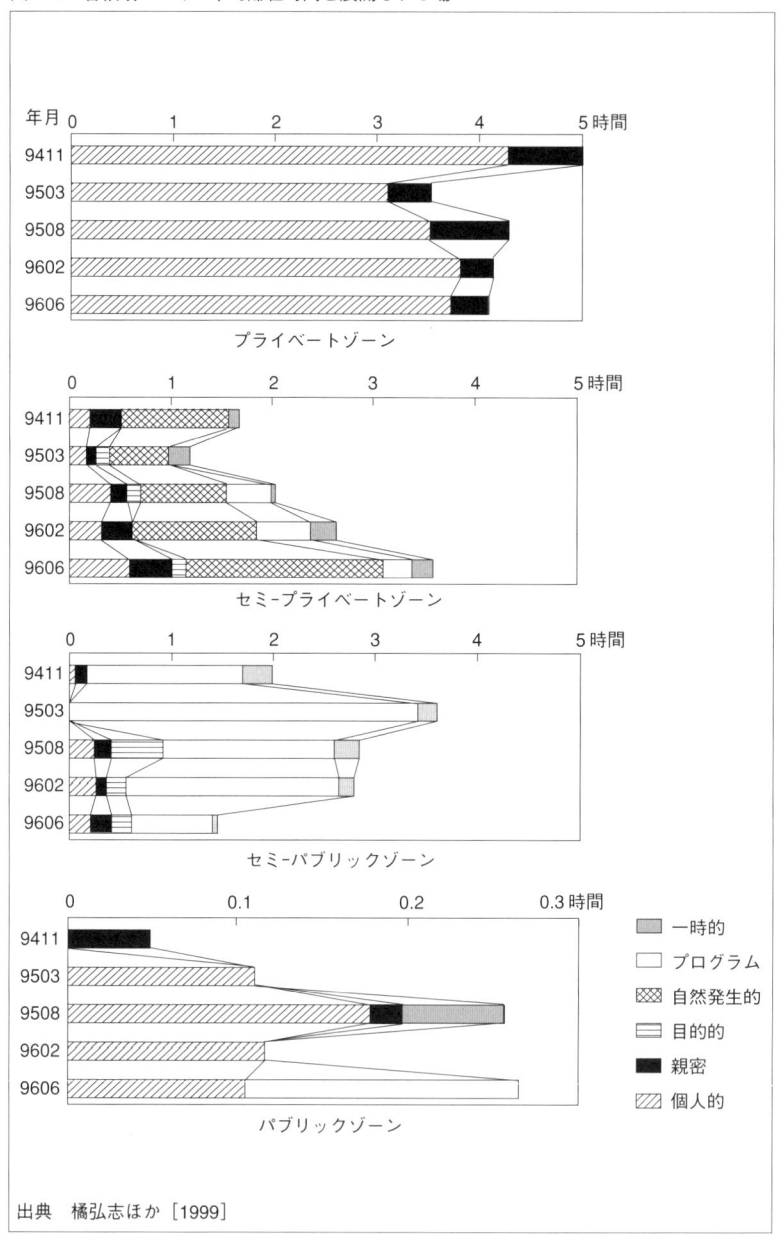

プライベートゾーン

セミ-プライベートゾーン

セミ-パブリックゾーン

パブリックゾーン

凡例：
- 一時的
- プログラム
- 自然発生的
- 目的的
- 親密
- 個人的

出典　橘弘志ほか［1999］

● ポイントは「セミ-プライベートゾーン」

　図Ⅱ-15は、筆者が設計にかかわった個室型特養「おらはうす宇奈月」において、開設以後年間2回ずつ追跡調査をおこなったデータから、4つの領域の使われ方の変化を示すものである。

　この特養は居室が全室個室化しているだけでなく、共用空間についても変化に富んだ豊かな中間領域（セミ-プライベートゾーン）から「セミ-パブリックゾーン」「パブリックゾーン」へと段階的な空間構成が実現している。ここで入居者全員を対象に、9時から19時までの日中の時間における、①一時的交流、②プログラム、③自然発生的集まり、④目的的活動、⑤親密な関係、⑥個人的活動、がどの領域でどのくらい展開されているかを見たものである。

　入居者同士の自然発生的な交流の生まれる場として、「セミ-プライベートゾーン」が重要な役割を果たしていることが図から読みとることができるだろう。また、「セミ-プライベートゾーン」での滞在時間が増加していることは、入居者による自発的な共用空間の利用が高まっていったことのあらわれと考えられる。共用空間が入居者のコントロールの及ぶ空間として獲得されていくことによって、入居者にとって施設空間が暮らしの場へと変容していったと想定される。

　身の置き所が保証され、共用空間のなかの自分の居場所ともいえるこの「セミ-プライベートゾーン」が獲得されると、入居者にとっての「セミ-パブリックゾーン」の性格も変わってくる。職員に一方的に主導権を握られた被抑圧的な場から、少し背筋を伸ばしてしゃきっとしたり、場合によっては緊張したり少し苦痛がともなうかもしれないけれども社会的な刺激に触れて楽しむことができる、より社会性の濃い場へと変わりうるのである。

◆

　こうして入居者の生活は、

(1) 自分を取りもどし特定の友人や家族と密度の濃い交流を保持することのできる個室空間を中心に、
(2) 入居者側のコントロールが及びやすい多様で身近なセミ－プライベートゾーンで緩やかな入居者同士の交流や愛着のある場を獲得しながら、
(3) より社会性の濃いセミ－パブリックゾーンでの入居者間の交流やアクティビティを選択的に楽しみ、
(4) さらに折々の地域の人びとを交えてのイベントへと展開していく。

　こういったように、重層的かつメリハリのある生活の枠組みとしての施設空間が構成されていることが求められる。そしてもちろん、こうした空間と対応するケアのあり方、生活支援の中身が求められる（これについては次の第Ⅲ章で述べていく）。

　このようなソフトとハードが実現していれば、「入居者が施設環境に適応していく」ことの意味が変わってくる。個人が施設に呑み込まれ、生命力を萎ませていくことを意味しなくなる。むしろ施設のなかに自分の居場所を見出し、そこでさまざまな社会的関係を編み上げる場となる。原則的には各人に一律であるはずの施設環境が、一人ひとりの入居者にとって独自の生活シナリオの舞台として位置付けられ、独自の意味を付与されていくことを意味するようになるのである。

III

落差を埋めるための「実践」

1　ユニットケア

　この章では、これまで述べてきた地域と施設の「落差」をどうしたら埋めることができるのか、その具体策について述べていこう。

　近年、特別養護老人ホーム、老人保健施設で「ユニットケア」という言葉がよく使われる。まず、この「ユニットケア」について考えてみたい。

1-1　生活単位とは

●ユニットとは「生活単位」

　そもそも「ユニット」とは、何を意味するのだろうか。端的にいって、筆者の理解では、入居者にとっての「生活単位」を指す。

　従来、高齢者施設では、「介護単位」という言葉が用いられていた。一般には30〜50人程度の入居者を束ねて介護する単位、すなわち介護職員の職務上のローテーションが組める人数規模が、この介護単位という言葉の実際上意味することであった。ここには、「入居者が生活するうえでどのくらいの人数が適切なのか」という視点はない。

　第Ⅰ章で、地域で暮らしておられた高齢者がなんらかの理由で居住継続ができなくなり、高齢者施設に生活の場を移さざるをえなくなったとき、かれらが経験させられる「3つの苦難」の話をした（18頁）。失意と落胆に打ちひしがれ、無力感とたたかわされている高齢者が、施設に入ったとたんに投げ込まれ、たった一人で向き合わされるのが、この30〜50人といった大集団なのである。そこには地域とはまったく異なるルールがあり、一律の時間が流れ、集団での生活がある。すでにできあがっ

た社会がある。顔や名前を覚えるのも大変であるし、そもそも一人ひとりがなかなか「自分らしく」暮らせていないので個々人の人格、顔が浮かび上がってこない。

　生活単位とは、こうした現状に対して、入居者の側から見たときのあるべき生活の規模単位、すなわち高齢入居者同士が馴染みの関係を形成しやすく、自分らしさが保てるグループや生活空間の人数規模を意味する。

● 「生活単位の規模」はどのくらいが適正か

　それでは、高齢者施設に入ってこられる利用者にとって、どのくらいのグループの大きさ、生活領域の広がりであれば馴染みの関係ができやすく、一人ひとりの顔が見えた生活が可能なのであろうか。

　ユニットケアの源流であるスウェーデンの痴呆性高齢者グループホームでは、ユニットの単位規模は、1985年に全国普及のための建設補助をつけはじめた際の条件は6人であったが、今日では10〜11人にまで幅が広がってきている。また、日本で2000年から施行された介護保険のなかに位置付けられたグループホームの1ユニットの人数規模は、5〜9人である。さらに、2000年度から始められた特別養護老人ホームにおけるグループケアユニット型加算が前提とする1ユニットの人数規模は、最人12人程度までとしている。

　おおむね8〜10人を軸にプラスマイナス数人といった人数規模であるが（図Ⅲ-1）、いずれも科学的な裏づけがあって設定された単位規模ではない。入居者間の相互認識や馴染みを考えた上限値と、死去や退居を考慮しても維持されるグループ内の継続性や、グループ内での小グループの成立性を考慮した下限値が経験的に割り出され、そのあいだの幅として設定されたものと考えてよいだろう。

　高齢者施設の1ユニットの人数規模にくらべて重症心身障害児のグループホーム等の単位規模が4〜6人程度とやや小規模なのは、対象者が

痴呆性高齢者のように数年間で入れ替わったりせず、十数年あるいは数十年といった長い期間を通してグループ内の継続性を維持することが可能だからである。

　高齢者施設のユニットケア導入に際しての生活単位規模に関して筆者は、6〜15人程度という比較的ゆるやかな幅を想定している。利用対象者の属性や状態像、また組み合わせによって適正規模が変わりうるし、ケアの質や建築空間のあり方によっても左右されるものだからである。

図III-1　1生活単位（8人）の平面図
［ケアタウンたかのす］

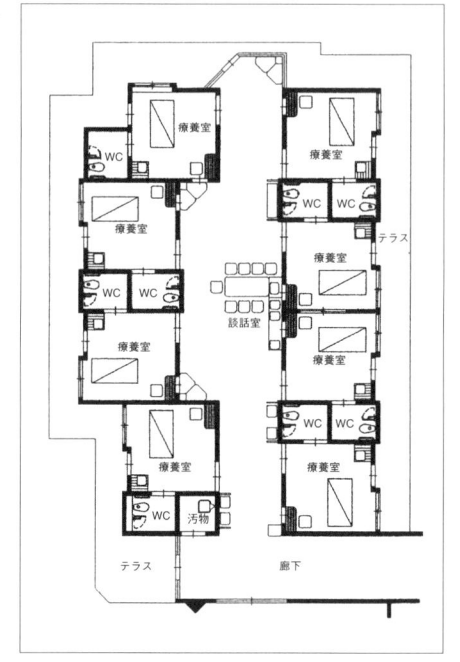

●生活単位と、介護単位・管理単位の違い

　ここでふたたび、ユニットケアの本来的目的に立ち返ろう。地域の生活から引き剥がされ、施設に生活の場を移した高齢者の視点からみた生活規模を「生活単位」と呼び、従来の「介護」や「管理」といった職員側からの垂直的なかかわりに支配された場ではない「生活の場」をつくりだそうというのが、ユニットケアのねらいなのであった。

　これに対して従来の規模単位の考え方は、「介護単位」や「管理単位」だった。介護単位というのは先に触れたとおり、介護職の職務管理上のローテーションが成り立つひとつのまとまりを指す。管理単位とは、施設全体の管理運営をする単位である。たとえば70人の特別養護老人ホームでいえば、施設全体としての管理単位が、35人の介護単位2つに分

けられ、それぞれに寮母室やケアワーカーのステーションがあって成り立っている。

図III－2に示すように、介護単位と管理単位は、働く側の都合によって決められた規模単位の設定である。これに対し施設のユニット化という流れは、生活する側の視点からみた規模単位の設定である。

図III-2　生活単位とは

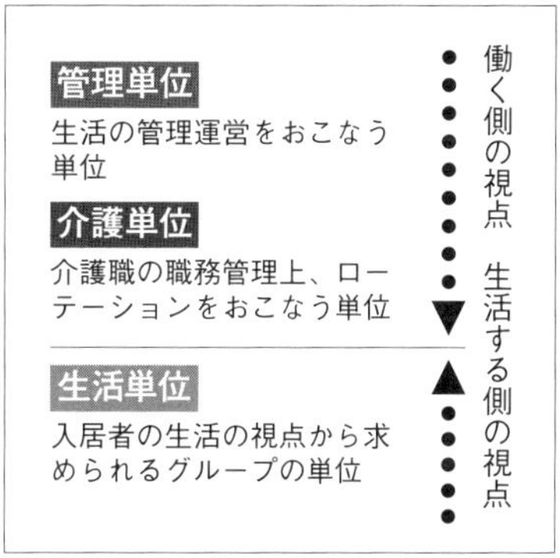

管理単位
生活の管理運営をおこなう単位

介護単位
介護職の職務管理上、ローテーションをおこなう単位

生活単位
入居者の生活の視点から求められるグループの単位

働く側の視点　生活する側の視点

たとえば30人程度の小規模な特別養護老人ホームの場合には、施設全体がひとつの介護単位でまとめられているというケースがある。この場合は、管理単位が介護単位と重なっている。また現状の介護単位のなかには、いくつかの内部区分が存在する場合もある（たとえば痴呆性高齢者対応のためなど）。基本的にはこれも介護側の要件で設定されたものであり、たとえ単位規模が小さくても、ここでいう生活単位とは区別すべきものである場合が少なくない。

要は、「誰のために設定された単位規模であるか」がポイントなのである。

● **ユニット化の視点から全体構成を見直す**

高齢者施設全体の組織あるいは平面計画上のあり方を、この「ユニット化」という視点から整理してみよう。一般的に高齢者施設は、管理単位としての施設全体が、①いくつかの介護単位と、②それを支える供給部門（給食、洗濯、用度関連施設など）、管理部門（事務、職員厚生施設など）、③さらには併設されている在宅介護支援センターやデイサービス部門等によって構成されている（図III－3）。

ここに、上述の生活単位という視点を導入してみよう。すると介護単位のなかに、入居者にとっての生活の小さなまとまりとしての生活単位

図III-3 「介護単位」でつくる施設全体像

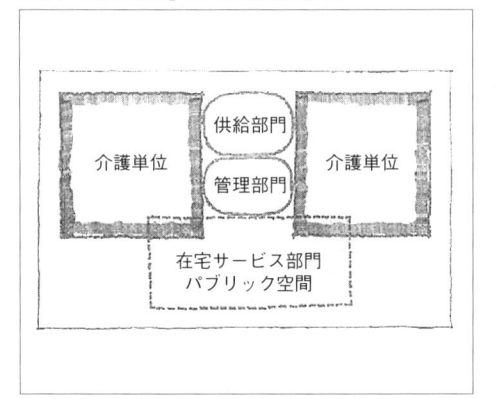

介護単位 / 供給部門 / 管理部門 / 介護単位 / 在宅サービス部門 パブリック空間

図III-4 介護単位のつくり方

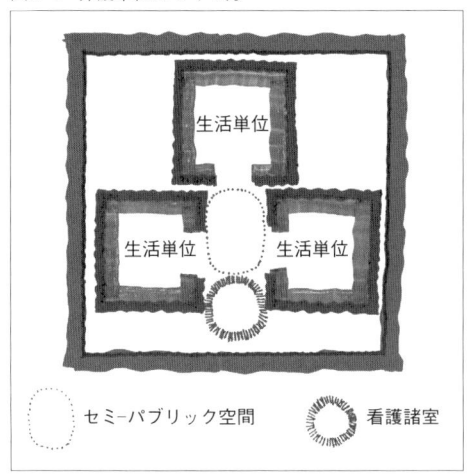

生活単位 / 生活単位 / 生活単位

セミ-パブリック空間　　看護諸室

図III-5 生活単位=介護単位

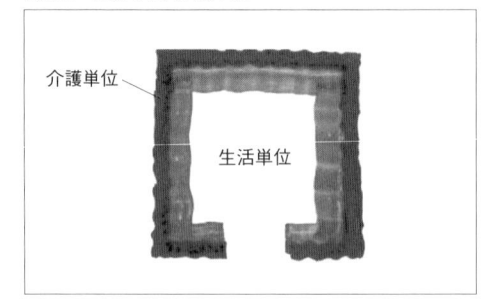

介護単位 / 生活単位

が複数内包されるかたちとなるだろう（図III-4）。この状態では、ひとつの介護チームが複数の生活単位を掛け持ちで担当することになるが、さらに人的配置が充足していけば、随時「生活単位＝介護単位」（図III-5）を目指し、生活単位ごとに日勤固定スタッフからはじめて固定スタッフを充足していけばよいだろう。

ユニットケアにおいて、このように各生活単位に固定スタッフが張り付くようになったとき、入居者と職員の馴染みの関係が形成されやすくなり、職員と入居者の関係性も個別的、生活支援的なものへと変化していく。そしてグループホームにおいては、この「生活単位＝介護単位」が成り立っているといえるだろう。

こうした組み立て方で既存の特別養護老人ホームや老人保健施設の全体構成を再度捉え直し、再編成して

図III-6 「生活単位」でつくる施設全体像

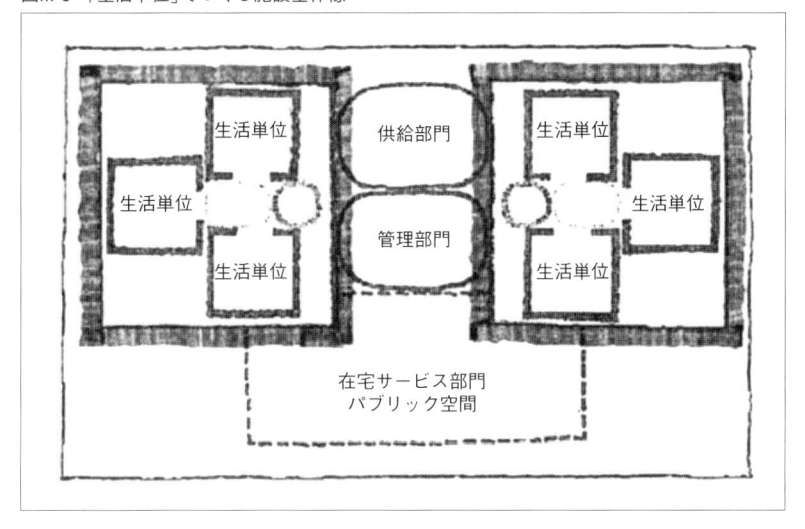

```
　　　　　生活単位　　供給部門　　生活単位
　生活単位　　　　　　　　　　　　　　　生活単位
　　　　　生活単位　　管理部門　　生活単位

　　　　　　　　在宅サービス部門
　　　　　　　　パブリック空間
```

みると、図III－6のようになるだろう。

1-2　ユニットケアの多様なハード

●ハードがつくる交流のかたち

　筆者はこれまでに、ユニットケアを前提としたいくつかの施設計画にかかわってきた。それぞれの施設ごとに個別の設計上の諸条件を読み解き、その設立母体の特質や成立の経緯や歴史、周辺地域をも含めた人的・物的・文化的資源、与えられた敷地条件などをもっとも有効に生かしうるかたちを探ってきた。したがって個々の施設計画においては、「利用者が主体を取りもどせ、生命力が萎まない施設のハードとソフトの構築」という共通のテーマを追求しながらも、ケースごとに異なる克服課題に取り組むことになる。その結果、解決のかたちも一つひとつ異なるものに帰結した。

A ｜ ケアタウンたかのす（図Ⅲ-7）

　たとえば、「老人保健施設ケアタウンたかのす」（秋田県、1998年竣工）をみてみよう。

　秋田県鷹巣町は24時間の巡回型在宅サービスが全国でもっとも普及した自治体である。ワーキンググループを通してまとめられた町民の要望も、「終の棲家」としての施設ではなく、高齢者や介護者の在宅での生活を支えるための拠点となる中核施設の実現であった。したがって、在宅とこの中核施設のあいだで入退去が繰り返されることになっても、「トランスファーショック（場の移動にともなうショック）を最小限にとどめることができるように」ということが設計要件として求められた。

　地域から入居してくる利用者にとって、いきなり見知らぬ大集団のなかに投げ込まれることは大きなストレスをともなう。日常的につきあいの生ずる範囲の人の輪を限定し、生活単位を小さく計画することで、短期間に馴染みの関係が成立しやすくなるように8人で構成される独立型

図Ⅲ-7　ケアタウンたかのす

★26 「ケアタウンたかのす」の居室　　　　　　　　★27　入り口は戸襖

のユニットを14計画した。

　また居室（写真★26）も、自宅で利用者が生活していた環境をそのまま持ち込んでもらえるように、専用トイレつきの個室を採用した。居室の入り口を戸襖にしたり（写真★27）、照明器具に住宅用のものを用いたり、居室とユニットの中心にあるリビングとのあいだに障子の窓をつけたり、在宅での建具や空間備品を用いて、新たな居室に馴染ませる努力を払っている。

B｜風の村（図Ⅲ－8）

　「特別養護老人ホーム風の村」（千葉県、2000年竣工）は、生活クラブ生協の会員たちが、自分たちが入りたい特養を実現しようと5年間の勉強会を積み重ねながら計画された施設である。

　ちょうど6LDK、8LDKの住宅のように、キッチン付きのリビングを囲むように6〜8室がユニットを構成している。ユニット同士は連続的につながり、1フロア4ユニットで構成されている。「オープンユニット型」と呼んでいるが、「連続ユニット型」と呼んでもよいだろう。その結果、風の村では、ユニットを越えた時間の共有の場、人間関係の形成がされやすいという特徴がある。

入居者は食事を終えると、日中は自分の好きなユニットに行って気の合う仲間と時間を過ごす。固定的に配置されている職員の個性も影響するが、なによりもそのユニットに集まる高齢者の個性によって各ユニットの雰囲気がつくりあげられていく。おもしろいことに、友人が「一緒に食事していかない？」と誘うと、「いや、やっぱり食事は家に帰ってするわ」と言って食事時には自分のユニットに戻っていく。

　個室内の「プライベートゾーン」からユニット内の「セミ-プライベートゾーン」、そしてユニットを越えたさまざまな活動ができる「セミ-パブリックゾーン」、そして1階のカフェテリアや定期市などが開かれる地域交流スペースも含めた「パブリックゾーン」と、4つの領域を使い分けた入居者それぞれの生活シナリオが展開されているのが特徴である。

　独立型のユニットでは、意識的に誘導するなり交流の場を設けないかぎり、ユニット間の交流は起こりにくい。しかしオープンユニ

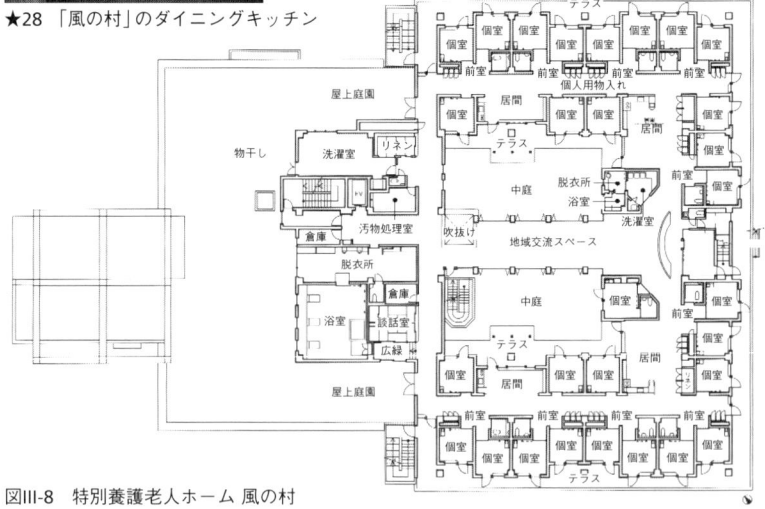

★28 「風の村」のダイニングキッチン

図III-8　特別養護老人ホーム 風の村

ット型だと、ユニットを超えた交流、生活展開が自然に発生しやすい。

C｜けま喜楽苑（図Ⅲ-9）

「特別養護老人ホームけま喜楽苑」（兵庫県、2001年竣工）は1フロア25人で、10人のまとまったユニットと、「7人＋8人」、あるいは「6人＋9人」などに区切りかたを調整できる15人の緩やかなまとまりのユニットをもっている。仕切りで明確に分かれているわけではなく、入居者の組み合わせによって運用し、サブグループを構成していくかたちである。「調整型ユニット」と呼んでいる。

◆

このように、ユニットケアを展開するハードはさまざまなかたちがあ

★29 「けま喜楽苑」のグループホーム外観

図Ⅲ-9 特別養護老人ホーム けま喜楽苑

りうる。それぞれの地域や法人の考え方、あるいは土地の形などから、そこにもっともふさわしいかたちを見出していくことが求められる。

● ショートステイの多様な展開

　これら3つの施設は、ショートステイの構成の仕方に関しても大きな違いがある。

　「風の村」は入居50床にショートステイ7床であるが、その7名を各ユニットに一人ずつ分散し、一般の入居者と統合的に生活が展開されている。それによってショートステイを繰り返し利用しているお年寄りとユニットの整合関係ができていて、ショートステイ利用の際に、おみやげをもって「ただいま」と"帰ってくる"情景がみられる。安定的にできあがった入居者の輪のなかに、繰り返しの利用を通して固定的な関係のできた利用者が戻ってくるわけである。とかく利用者の出入りが多いために不安定になりがちなショートステイ特有の空気がなく、非常にうまく機能している。

　一方、「けま喜楽苑」では3階建ての1階にショートステイを集め、同じ1階にあるデイサービスと連動した関係が1フロアに形成されている。そのため、通所していた利用者がショートステイを利用するようになるときに、連続感が保たれる。また1階のつくりが地域の共用広場を意識して設計されており、全室個室であるから、各部屋の前にポーチがあり、地域のなかのショートステイという構成でデイサービスと一体的に計画することができた。これもまたひとつのかたちである。

　国や県は、「ショートステイだけで1ユニットを構成しなくては、ショートステイとして認めない」などという愚かな指導はすべきではない。ショートステイにもいろいろなかたちがありうるのである。問題は、特徴を生かしながらうまく機能しているか否かということなのだから、どの条件が満たされれば機能するかの議論をすればよいのである。

●多様なあり方を認めることが必要

　同様に、部屋の出口から何メートル以内にリビングがなければユニットケアとして認めないといった硬直的な指導も判断を誤る。いろいろなあり方を許容しつつ見守るべきだろう。むしろユニットケアが成り立っているかどうかは、①入居者にとっての時間が流れているか、②生活のかたちが守られているか、③場が成立しているか、といった視点からみていけばよい（101頁参照）。

　ただし、それを判定するためには非常に高度な能力が要求される。ところが行政の担当者は人事ローテーションで頻繁に担当が代わるので、「何メートルといったはっきりとした規定でないと判断できない」という事態になるのだろう。行政の組織上、ローテーションが必要なのだとすれば、そのような一般職と、長期に特定の役割を担う専門職を組み合わせるようにすればよい。また指導や認定といった仕事は、専門職が担当するべきものではないだろうか。

1-3　ユニットケアにおける生活

　次に、このようにユニット化された高齢者施設における、生活支援の具体的な中身について考えてみたい。

　高齢者施設における生活や介護について語られるとき、「食事介護」「入浴介護」「排泄介護」を三大介護と呼び、そのことのみに議論が集中しがちなことに、筆者はつねづね違和感を感じている（施設の生活にはこれしかないのか！）。とはいえ、まずそこからケアのあり方を見直していかねばならないことも事実である。ここではユニットケアを導入した場合、それらがどう変わるのか、事例も交えながら解説してみよう。

●食事

　日常生活における食事の重要性はあらためて指摘するまでもないが、従来の集団での一括介護の施設ケアでは、朝、昼、晩決まった時間に、大きな食堂で、あるいはベッド上や廊下で、あらかじめトレイの上にセットされた食事をいっせいにとるという風景が一般的に繰り広げられている。

　本来、私たちの地域の暮らしのなかでの「食」は、季節やその日の食べ手、買い物の予定などを勘案しながら献立を考えるところに始まる。そして食材を吟味し、下ごしらえ、調理そして盛り付け、と手順を踏みながら「食」に至る。この間、手触りやにおい、音、湯気など五感に働きかけるさまざま刺激をとおして、心の状態、身体の状態が「食」に備えられていく。いざ食事が始まれば、好きなものを、好きな順に食べて楽しむ。そして満ち足りて余韻を楽しむのである。これらはひとつの流れをもっており、私たちの日常生活のなかの大切な中身である。

　この重要な「前と後のプロセス」が切り取られた、摂取すべき栄養やカロリーの塊として提供されているような従来の施設における食事を、ユニットケアではどう変えていくことができるのだろうか。

　特別養護老人ホームや老人保健施設では、朝食前の人手の薄い時間帯に、排泄介助や着替え（急いでいるからどうしても着せ替え人形のようになってしまう）、整容をすませ、遠く離れた食堂に連れていくという朝の一連の介

★30　ユニットでの食事：盛り付けに心をくばる

護がかなり厳しい。しかしユニットケアでは、居室を出るとすぐ近くにキッチン付きの居間（LD）があり、そこで食事がとれる空間構成となっている。

　プライバシーを共用しあう最小のグループなので、朝起きてから着替えずに寝巻きに何か羽織って食事をとってもかまわない。皆を待たなくても仕度のできた順に各々の生活リズムで食べはじめてよいのである。朝食後、人心地ついたら部屋に戻り、ゆっくり時間をかけて、できるだけ自力で着替えをし、おめかしをして、ユニット外のよりパブリックな場に出ていけばよいのである（それがリハビリである）。

　ときにはユニットの外にある少しパブリックな性格の食堂で、バイキングスタイルやアラカルトなどで食事を楽しむことができるのが望ましい。こうすることで、食事をめぐる「ハレ」（晴れ）と「ケ」（日常）というメリハリのある場が獲得できる。

　「ケ」の食事であるユニットのLDでの食事のときは、ご飯はここで炊けばよい。厨房からは、ユニットごとに食缶に入れた味噌汁と、バットや大皿に盛った副食とをワゴンで運んでくればよいのである。食器やお箸は入居者にそれぞれ持ってきてもらったり、一つひとつ異なるものを用意して、「マイ食器」としてユニットで保管すればよい。ユニットでご飯を炊いたり、入居者が副菜を小鉢に盛り付けたり、食後の後かたづけに加わったりするなかで、「食」をめぐる生活がよみがえってくる。

●入浴

　順送式の介助浴槽で流れ作業式に処理をしていく「人体洗浄」然とした入浴風景を展開している施設は、最近ではしだいに減りつつあるようである。しかし建物をつくり変えることは容易ではないので、施設全体で一箇所にまとめられている巨大な浴室に、施設全体から入居者を集めて、流れ作業式に介助浴をおこなっている施設はまだまだ多いようであ

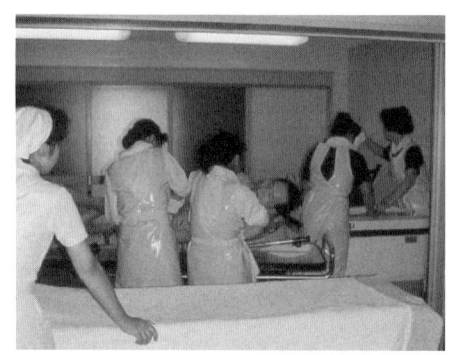

★31　ある特養ホームでの入浴風景

る（写真★31）。

　居室から連れてくる係、脱衣介助（実際は脱がせるという表現のほうが近い）の係、浴槽に入れて洗う係、流す係、体を拭く係、といったように、入居者は次から次へと人手に渡されプロセスを進んでいく。物ではなくて人間であるから、一人ひとり時間のかかるステージが異なるので、流れ作業にもしばしば「待ち」ができる。脱衣所がたちまち一杯になって廊下にまで「待ち」が溢れ出す。

　ユニットケアではどうか。

　3つ程度のユニットに一箇所の浴室を分散的に配置し、介助浴まで対応できる個別浴槽を配置する。リフト付きの介助浴設備を導入する場合も、極力座位に近い姿勢で「人体洗浄」にならないように心がける。利用者の視点からみて「入浴」の場となるように、仕上げは冷たいタイルよりもできるだけ木を使う。スタッフは、居室に呼びに出かける段階からすべての入浴の過程、そして風呂上がりの水分補給に至るまで、同一の者が通して担当する。

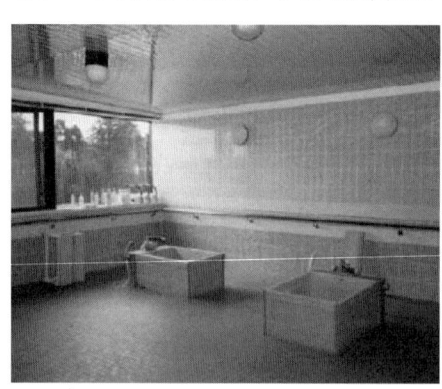

　浴室をどのくらいの単位で設置できるかがひとつのポイントとなるが、キッチンやダイニングのように各ユニットごとに浴室があれば、グループホームとしての生活空間の組み立てに限りなく近づくだろう（写真★32）。

★32　「風の村」のお風呂

● 排泄

　排泄に関する究極のテーマは、高齢者の羞恥心をいかに守ってあげられるかである。ユニットのなかに分散してトイレがあれば、排泄について自立している高齢者は極力自分ですることができるし、介助が必要な高齢者をスタッフが速やかに誘導することもできる。スタッフは排泄の自立に向けて側面から支えていくわけだ。排泄の自立が崩れていく高齢者に対しても、羞恥心をどうやって守ってあげられるかを考慮することが大切である。

　おむつの交換の場をベッド上からトイレへと心がけて移行していく。個々人の排尿パターンに合わせたおむつやパッドの選択をし、可能なかぎりおむつカバーを外して下着感覚のおむつ装着に移行する。このようにしていくと、気後れせずに人前に出たり、外出する気になってきたりといった意識の変化が起こってくる場合も少なくない。

　また、全室個室化し各居室にシャワー付きの専用トイレを設置した「けま喜楽苑」では、排泄に対する介助行為が個人空間のなかだけで完結するようになり、個人のプライドや羞恥心を徹底して守ることができるようになった（写真★33）。それだけでなく、施設内に排泄臭がまったくしない「におい環境」を実現している。こうなると、各室を訪問しておこなう排泄介助行為は、在宅の高齢者を訪問しておこなう在宅介護の場合ときわめて近似してくるといえるだろう。

◆

　以上、食事、入浴、排泄のいわゆる「三大介護」について述べたが、この

★33　「けま喜楽苑」の居室に付いたトイレ

ほかにもユニットケアを導入することで入居者の生活を「普通の暮らし」に近づけていくことが可能である。

　しかしここでひとつ気をつけなければいけないことがある。ユニットのなかだけですべての生活が完結してしまいがちなことである。

　この意味で、ユニットの外部に、第II章で述べたような「セミ−パブリック」や「パブリック」といった、少し背筋を伸ばして出かけていく場、少し緊張をともなうかもしれないが刺激のある場、地域と接点をもつことができる場が存在していることが非常に重要である。これら全体のはたらきの異なる場を選択的に使いこなしながら、メリハリある一日の生活シナリオができあがっていくようであってほしい。

1-4　職員の人数とケアの質

●何をしたいかがわからなければ、支えることもできない

　高齢者が生活の場を「施設」へと移行するとき、さまざまなものを失うことは述べてきた。そこで失われているものを取りもどそうとしたのがユニットケアだといえるだろう。失われているものは何かといえば、「生きる意欲や残存能力を活用してがんばろう」という意欲である。

　本人に「何かしたい」という意欲がみえたときに、介護職員はそれを支えるわけであるが、そもそも本人が何をしたいか、何を望んでいるかを表出しなくなるのである。そのため職員側は、決められた仕事をこなしていく以外の目標が組み立てられないという困難を背負うことになる。つまり、本人の望みや願いがわからないので、さしあたり何も望まない、何もできない、何もしようとしない「Sさん」を介護する作業に入っていくわけである。

　もちろんこれも大変な仕事である。職員にとっては仕事をしている自覚はあるのだが、高齢者がもっていた願いを実現することに結びついて

いるかといえば、それはまた別の問題である。

● 「個別」になれていなければ個別ケアはできない

「集団処遇から個別ケアへ」という課題は、もうかなり以前から掲げられつづけている。しかし個別ケアというのは、その人らしさが見えてきたり、その人の願いや存在が個別になっていることが確認できてはじめて、それへの応答として可能なものなのではないだろうか。個の集団化が起こっていて、一人ひとりの願いが見えず、それぞれが「個別」になれていない状況のなかでは、本来、個別ケアは実現できないはずなのである。

まず一人ひとりが個別でありうる、その人らしくいられる場やそれを支える空間やケアのあり方を考えなければ、個別ケアには到達しえないだろう。ここから、個室・ユニットケアの考え方が出てくるのだと思う。わかりやすくいえば、利用者に「自分自身を取りもどして」もらえる場をつくり、そのうえで気になった人を側面から支える実践を始めるため

> **Column** 高齢者が変わると、スタッフも変わる
>
> 利用者の「身体」にのみ、さらにいえば障害や疾病にのみ注目していてはだめだ。医療や介護の世界には「職員比率〇対1」という言い方があるが、スタッフ一人で何人の利用者・患者を「看られるか」といっ発想だけでは、ユニットケアの本質には迫れないだろう。
>
> 「かかわり方によっては高齢者に変化が起こる」ということを信じていないスタッフなら、何人いても邪魔になるだけだ。利用者の自然な生活の営みを妨げるような、仕切ったり、規制したり、ルールに当てはめたりというケアしかできないスタッフはいないほうがよい。
>
> しかしそれでも、ユニットケアが動き出すと、やがて利用者は「個人」となり、さまざまなところで「出来事」が起こってくる。するといままで半信半疑だったスタッフも「こういうことだったのか!」と感動して、言葉の本当の意味を獲得していくことがよくある。「高齢者は本気でその気にならないと動かない存在である」ということに思いが至ったとき、スタッフもまた変わるのである。

の前提が、個室・ユニットケアなのである。

　この場合、個室とはたんに「逃げ込める場」としての空間ではなく、まず自分らしくあることのできる場を保障し、加えて相手を選んで訪ねたり、呼び込んだり、あるいは家族が訪ねてきて共に時間を過ごしたり、といった特定の相手と交流する場でもあるだろう。自分の場が保障されることによって、「人とかかわる欲求が出るための個室」である。そして、顔と名前の一致しやすい家庭的なユニットのなかで、地域での暮らしとのさまざまな落差をどう埋めていくかが、ユニットケアの具体的な方法論の中身であるはずである。

　その人らしさが少しずつ回復できる、小さな輪のなかでの共同生活。スタッフも固定的に配置されて、ユニット内の高齢者の現在だけではなく、過去も把握して受け止めてくれる。そういうなかで、さまざまな落差が少しずつ埋められていくと、入居者の意欲が出てきたり、あきらめていた願いがふたたび呼び覚まされてくるのである。

●スタッフの数の問題だけではない

　さて、ユニットケアを展開するにあたっては、「人員配置がどの水準ならできるが、それ以下ではできない」といった議論になりがちである。しかしこれまで述べてきたことを注意深く反芻していただくとおわかりのように、決してスタッフは数だけの問題ではない。

　その人らしさを取りもどして生活を組み立てることがユニットケアの目的であるならば、流れ作業的な介護では対応できない。職員一人ひとりが利用者一人ひとりと向き合うなかで、個々の利用者にふさわしいケアのかたちを見つけていかなくてはならない。

　したがって、人員配置が増えたとしても、相手を受容し、観察し、側面から支えていくことができない職員が多くなるならば、むしろユニットケアは阻害されてしまうだろう。利用者にしても、さしあたり何でもしてもらえるならそのほうが楽であるから、たとえば手際よく着せ替え

人形のように着替えさせてくれる職員がいれば、それに任せてしまいがちである。そのように何でもしてくれる職員がいるとわかっているならば、「自分でできることは自分でやりましょう」などと言っても、利用者は「私はできません」と言うだろう。そのことが理解できていない職員の数が多ければ多いほど管理化が進み、ユニットケアの目的から遠ざかってしまう。

したがって、職員数を問題とする前に、ユニットケアの基本を理解することが先である。かかわりやケア自体の根本的な違いを理解してかかわっていくと、意外に高齢者が自分でおこなったりして、職員は楽になることもある。

神戸にあるグループハウスでは、職員が「自分は何もできないから、助けてね」という態度でかかわることによって、高齢者の自立性や労働性を引き出すという"テクニック"を用いている。その意味では、「職員がたくさんいるのだから自分でする必要はない」という意識に高齢者がなることを心配する必要さえあるだろう。

● 2.5対1は必要

とはいえ、もちろん職員の人数が問題ではないといっているのではない。ユニットケアを実践するのに必要な最低の人数として、日中に固定定員が各ユニットごとに配置されることが前提となるだろう。いくら小グループをつくってユニットケアと呼んでも、職員が巡回しているのではユニットケアにはなりえないからである。日中の、人手がいちばん厚いときに固定定員が配置でき、何人かの職員が固定的に交代しているなかで関係がつくられていくのでなくてはならないだろう。

具体的にいうと、10〜15人くらいのユニットを想定しても、筆者は2.5対1は最低限必要だとみている。もちろんそれをクリアすればOKなのではなく、ここまでに述べてきた前提を満たしていく必要がある。繰り返しになるが、ユニットケアのねらいは、高齢者のモチベーションを

作動させることなのだから。

1-5　ケアの質と量はどう変わる

　個室化やユニットケアの導入は、介護職員の仕事の仕方や意識にどのような影響を与えるのだろうか。

　六人部屋主体から全室個室・ユニット型の特養に建替えられ、半年後にユニットケアが導入されたJ施設において、介護職員の労働負荷や意識がどう変化したかを追跡した調査の結果から、このテーマについて考えてみたい。

　調査方法としては、建替え前から建替え1年後にかけての計4回の時期に、同一スタッフ4名に加速度センサー付きの小型運動記録器を装着し、日勤帯における一日の歩数と消費運動量を測定した。

●身体活動量は一時増えるが、また戻る

　まず、介護職員の身体活動量（運動量、歩数）、運動強度（スピード）の変化をみてみよう。

　建替え直後には勤務時間も増加し、身体活動量は大幅に増加（図III-10）、運動強度もジョギングスピードおよび速歩が増えた（図III-11）。大規模処遇から小規模処遇へ転換する過程において、一時的に慌ただしさがみられた。しかし徐々に落ち着きを取りもどし、建替え5か月後には勤務時間、身体活動量、運動強度ともに建替え前と同水準に戻っている。身体活動量については時間帯により以前より減少することも示された。

　また各ユニットに固定定員が配され、ユニットケアが導入されてからは、むしろ建替え前よりも身体運動量が減少する結果となった（全体の床面積は3.5倍に増加したにもかかわらず）。このことは、「個室化・ユニット化が職員の負荷を増大させる」とは一概にいえず、むしろ入居者のみならず、職員にとっても有効なことを示すと考えられる。

こうした結果が得られた要因としては、
・ユニット化により生活単位が小規模化し、介助移動に要する距離が減少したこと
・前述のとおり、ポータブルトイレやおむつを使用する入居者が減少し

図Ⅲ-10　日勤介護職員の歩数と運動量の変化

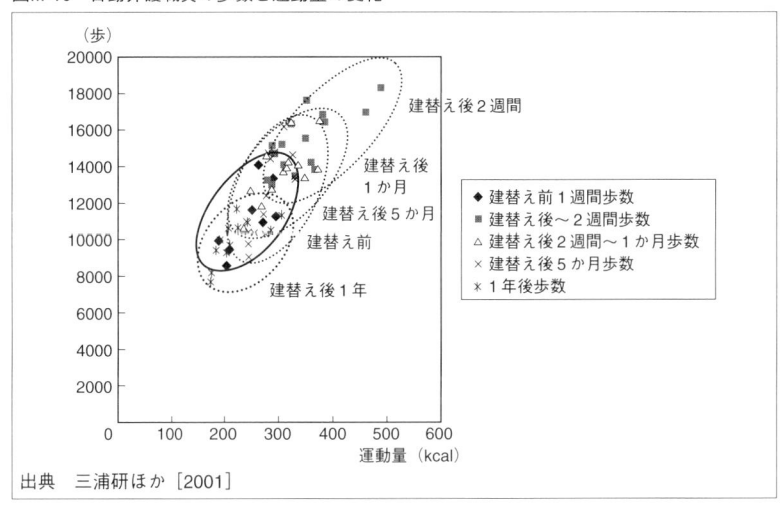

出典　三浦研ほか［2001］

図Ⅲ-11　介護時の移動スピードの変化

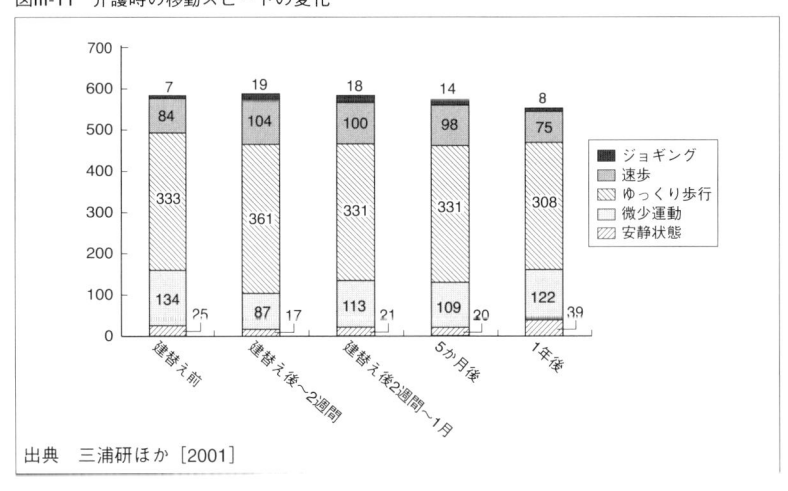

出典　三浦研ほか［2001］

たこと
・PHSを導入し職員間の連携がスムーズになったこと
・高齢者の生活が能動的になったこと
等が考えられる。

　J施設のケースでは床面積が3.5倍に拡大したが、よりコンパクトなユニット構成で施設床面積を抑制できれば、ユニット化の効果はより明確にあらわれると考えられる。

●介護場所・介護行為の変化

　職員の滞在場所の変化をみてみよう。建替え前は居室滞在率が高く、多くの介助行為が居室内でおこなわれていたことが示されていたが、建替え後はリビングの滞在率が増加している（図Ⅲ−12）。入居者のリビング滞在率の増加にともない、介助者の滞在場所もリビングが中心となっていると考えられる。

　介助行為の変化をみると、排泄、食事介助といった直接的なケアよりも、コミュニケーションを含む余暇・交流にかかわるケアの増加が観察された（図Ⅲ−13）。

　個室化による閉じこもりが懸念されたが、J施設においては個室化に加えてユニット化をおこなうことにより入居者と介護者の物理的距離はむしろ短くなり、交流頻度が増加したと考えられる。

●精神的負担は増したが、やりがいも増えた

　それと並行して全介護職員を対象に、個室化・ユニットケア導入による変化を職員自身がどのように評価しているかについての意識調査もおこなった。

　その結果、「介助時の笑顔」「入居者の把握」「入居者との会話の機会」「職員間の連携」「介助時のスピード減少」「流れ作業的ケアの改善」の6項目について、それぞれ60％以上の職員が改善されているという意識を

図III-12 スタッフの滞在場所の変化

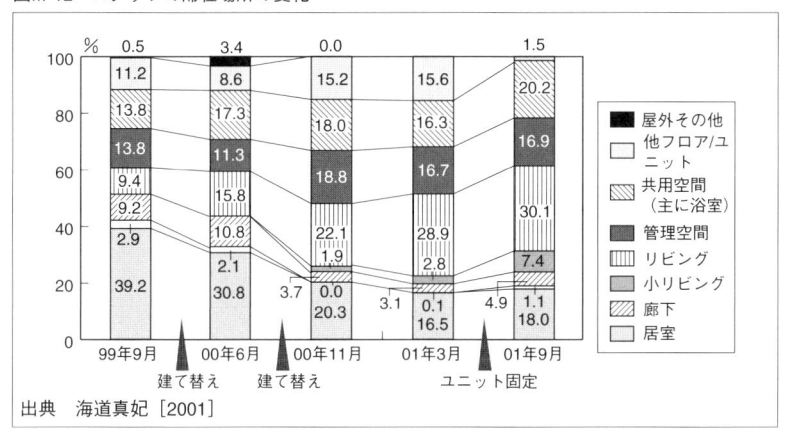

出典　海道真妃［2001］

図III-13 介助行為の時系列的変化

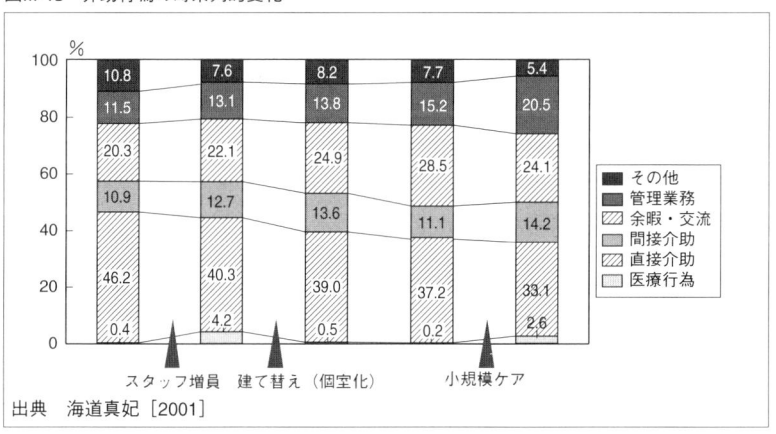

出典　海道真妃［2001］

もっていることがわかった。

　また、仕事後の疲れぐあいについての設問に対して、身体的な疲れに対する意識は個人差がみられた。減少と増加の二極化の傾向がみられた一方で、精神的な疲れに関しては、60％近くの職員が以前に較べて疲れが増したと感じていることがわかった。これに対し、「仕事のやりがい」について設問を立ててみると、7割以上の職員が「やりがいが増した」と答えている。

従来は、マニュアルに沿った流れ作業的なケアや介護でも対応できた。しかし個室化・ユニット化によって、入居者と1対1で向き合い個別の状況判断を迫られるようになってきた。精神的な疲れには、そのことへのとまどいと重圧があるのだろう。さらに入居者とのコミュニケーションの機会が増え、相手の要求を理解できるようになったものの、それに応えられない自責の念などが精神的負担になっていると考えられる。

　しかしこれらの変化は、入居者の立場からすればすべて望ましい変化である。ここへきてようやく、「高齢者中心のケア」や「個別ケア」といった従来掛け声として語られてきた言葉の本来的意味が、確かなかたちとして見えてきたのである。今後の進むべき方向、道筋が見えてきたといってよいだろう。

● ユニットケアは職員の質をふるいにかける

　従来型の大規模処遇をおこなっている施設では、全員がいっせいに同じ介助をおこなう。たとえば食事の場合なら、「食堂誘導→食事配膳→食事介助→下膳→居室誘導」といった一連の流れをいっせいにおこなう。このような流れ作業であれば、資格や経験のない職員でも、まわりの先輩職員の動きを見よう見まねで一連の作業を覚え、こなすことは可能である。またこのような作業であれば、単純な職員増加により、他の職員の負担感が解消される可能性もある。

　しかし、個室化・ユニット化された高齢者施設で目指すケアは、介護単位に高齢者の生活を合わせてもらうのではない。「高齢者の生活にケアが寄り添う」ことであり、職員が入居者一人ひとりと正面から向き合うことを求められる。

　1ユニットを2～3人の職員で対応することが多くなるが、そうなると、職員一人ひとりが自分で考え、行動することが求められる。全員いっせいに作業をおこなうわけではないので、他の職員と同じ作業をするだけではすまされない。

ここで必要になる職員の資質とは、介護技術の専門性はもちろんのこと、入居者のニーズを掘り下げていくことを考えれば「対人コミュニケーション能力」である。さらには「痴呆症状や加齢にともなう高齢者特有の身体・精神状態に関する理解」も重要と考えられる。

　ある意味で個室化・ユニット化は、職員の質をふるいにかける側面をもつ。今後、個室化・ユニット化が浸透していけば、「精神的な疲れ」が増しても「仕事のやりがい」が増すケアのあり方へと、高齢者施設のソフトは変わっていくだろう。

　そのとき、職員をどう育て、どうケアするか。

　負担を感じている職員の現実を受け止めカウンセリングをしたり、介護現場のなかでアドバイスを与えたりといったスーパーバイズをする新たな課題が膨らんでくるだろう。これらの内容を含めた研修制度の整備などが、早急に求められることになるに違いない。

1-6　4つのチェックポイント

　最後に、「ユニットケアが成り立っているか」をチェックするためのポイントを4点指摘しておきたい。

●時間がゆったり流れているか

　第1に、利用者の側からみたときに、時間がゆったり流れているかどうかという点である。

　たとえば大きな介護単位や施設全体に食堂が1か所しかない場合など、食堂に連れていかれた高齢者は、最後の人がそろい配膳が終わるまで、ただただ待たされることになる。その待たされているあいだは、利用者にとっての時間は流れず、分断されていることになる。従来の施設では、そのような分断が一日に何度も起こる。入浴前の「待ち」もそうだし、2階の居室から1階の食堂に行かなくてはならない空間構成なら

ばエレベーター待ちも起こるだろう。

　そうした、自分ではどうすることもできない、ただ待つだけの時間をどうなくしていけるかがひとつの課題である。ユニットケアが実現していれば、たとえば食事はユニットごとになるので、居室から食事などに使う共用空間への動線距離が短くなる。動線距離の短縮によって、従来は自力移動ができなかった人が、少しずつでもそこを目指して歩こうとするような行動もみられる。少しでも動ければ、どんなにゆっくりであっても時間は流れる。

　その意味では、適切な福祉機器の利用も重要である。たとえば座面高などの調整がきく車椅子を導入して、一人ひとりに適合させることで、本人での移動が可能になる場合も多い。これも時間が流れるということに大きく寄与する。

●生活のかたちが保たれているか

　2番目に、「生活のかたち」が保たれているかという点である。

　たとえば食事が、地域で営まれていた生活の重要な要素としてのかたちを保っているかという視点で見直してほしい。地域での食事は、目の前にお盆に載ってセットされたものではなく、何を食べるか考えたり、つくるプロセスがあったり、食べた後の余韻を楽しんだりするもので、全体の流れをもつものである。前述したが、残念ながら多くの施設の食事が、摂取すべきカロリーの塊を目の前に置いて、それをただ食べる、あるいは食べさせるようなものになってしまっている。それでは生活のかたちは崩れているのである。

　さらにこまかなことをいえば、落としても割れないメラミンの食器とかお椀のようなものにご飯をよそうといったこともおこなわれている。食べ物を全部混ぜて、薬まで入れて食べさせられるなどという状況は、もっとも生活のかたちが破壊された例であろう。痴呆性高齢者はむしろそういうことにストレートに反応するし、痴呆のない人のように諦めて

適応することもできない。

　排泄に関しても、ベッド上で横たわっておむつを換えられるのは「生活」ではなく、「入院」である。生活の延長に介護を考えるならば、まずはベッド上ではなくトイレで交換するように、横臥ではなく立位で交換するように、さらにおむつカバーを使わないですむようなものにと、少しずつ地域での生活のかたちに近づけていくという課題があるだろう。

　入浴にしても、横たわった状態で入る機械浴槽が施設にはよくあるが、あれは欧風の入浴習慣にもとづいて欧米で開発された機械をそのまま輸入して医療施設が使い、それが福祉施設にも導入されたものである。日本の本来の入浴のかたちではない。かつて座位で入浴してきた高齢者にとっては、「人体洗浄」されているという感が否めないだろう。

　もちろん衣服や生活空間なども、生活のかたちを考えるにあたって非常に重要な要素であり、ユニットケアをとおして取り組むべき大切なテーマである。

● 場が成立しているか

　3番目は、場が成立しているかどうかという点である。

　地域での暮らしならば、自分の家と外部空間のあいだに、土間や縁側、縁台あるいは上がり框といった、中間領域とでもいうべきしつらえが存在した。大げさなしつらえでなくても、さまざまな性格の異なる空間がところどころにあり、それをつなぐ路地があり、止まり木的な、ちょっと人が集まって何かが始まったりする多様な場が地域には成立していた。ところが施設空間では、そのような「暮らしの場」がそぎ落とされ、大きなホールと、ただまっすぐな廊下と、四人部屋で構成されている。

　「特養は生活の場である。住まいである」といくら言いつのっても、そもそも住まう場がない。その場をどう成立させるかが課題である。

　そのためにも、身の置き所を保障する個室が必要であり、そこを出て

すぐに気の合う同士が井戸端会議ができるような中間領域（セミプライベートゾーン）があってほしい。

あるいは、浴室の隣にでも畳の小上がりがあれば、風呂上がりの一休みに会話が生まれるだろう。乾いた洗濯物を山にしておけば「洗濯物たたみ」というちょっとした仕事の場が生まれるだろう。そういう、いまの高齢者が地域の暮らしのなかで体に馴染ませてきた記憶を呼び覚ますような場を再現することが求められている。生活の「かたち」があって「場」があれば、会話も豊かになり、時間がゆったりと流れるのである。

●**利用者が主役になっているか**

そして最後は、個室化・ユニット化の目的である「利用者が主役になっているか」である。そのための前提として、そもそも職員が利用者とコミュニケーションがとれているかという問題である。

利用者と（とくに若い）職員が1対1の状況のなかでコミュニケーションをとり、それを持続させていくことはむずかしい。それを身につけていく手立てについて具体的な情報が必要となろう。また、この点についてうまくいっているか否かをチェックするためには、直接の介護業務のシフトから外れたスーパーバイザーの役割を負う者が、できうるかぎり利用者の側に心理的に寄り添う視点でおこなう必要がある。

◆

ユニットケアがうまく機能しているかどうかは、以上のようなポイントをチェックすることから確認できるだろう。

2　グループホーム

2-1　グループホーム登場の背景

　前節では高齢者施設におけるユニットケアについて述べたが、ユニットケアの源流は痴呆性高齢者グループホームである。ここでは、そのグループホームについて、さまざまな視点から述べてみよう。

◆

　なぜ、痴呆性高齢者グループホームが今日登場し、全国にめざましい勢いで普及しつつあるのか？　まず、その背景について述べるところから始めたいと思う。

　その背景は2つある。ひとつは痴呆性高齢者ケアをめぐる在宅ケアの現状、そしていまひとつは施設ケアの現状である。

●家族介護はむずかしい

　今日、日本には約160万人の痴呆性高齢者が存在していると推計されているが、そのうちの約3分の2は在宅にあって主として家族の介護を受けて生活している。

　2000年4月からは介護保険が導入され、24時間巡回型のホームヘルプサービスが全国に普及しつつある。在宅の要介護高齢者を朝・昼・晩・夜と「点」的に間歇的にサポートすることにより、在宅

★34　高齢者としっくり整合したグループホームの共用空間

★35 前の写真とは対照的に、整合していない高齢者と空間（手すりはあるが……）

での居住継続を支援していこうとするねらいである。しかし、24時間継続的に「線」的なケアニーズをともなう痴呆症のケアは、そうした「点」的なサポートでは対応しきれない。家族が解放されることなく介護に縛りつけられ、最後には家族側も疲弊し共倒れになる状況がある。

　ここで触れておかなければならないのは、日本社会においてはコミュニティの元としてとらえられがちな「家族」の存在（「個人」ではなく）、とくに痴呆性高齢者介護のコンテキストのなかでの家族介護の意味あるいは位置づけである。

　たしかに家族は、介護されている痴呆性高齢者にとってもっとも身近な存在である。しかし、元気で活躍されていたころの本人をよく知っている「身近な」家族であればこそ、痴呆初期のさまざまな症状が目の前であらわれる状況は、そうやすやすと受容できるものではない。むしろ動揺し、苛立ち、ときには本人を裁いてしまったりと、家族であるがゆえに冷静であることが困難なのである。

　加えて、痴呆症の介護は24時間の継続的な対応が必要となることが多く、家族はひとたび介護を負いはじめると、みずからの仕事や学びを諦める。すなわち自己実現を断念せざるをえない状況にしばしば追い込まれることになる。介護を負わざるをえない現実のために自己実現を放棄させられた状況下での介護は、ストレスがきわめて大きいであろう。精神的に健康な状態を保つことがむずかしく、そうかといって途中で放り出すこともできない。これが専門職のスタッフであれば、ケアを担うこと自体が自己実現であるからその種のストレスがなく、力も発揮しやすいのである。

●代行する家族、依存する老人

　さらに、家族が思っている痴呆性高齢者の願いや要望が、本当に本人のものと一致しているのか、という疑問もある。

　これは痴呆性高齢者に限ったことではないが、在宅高齢者の心身機能が弱化していくと、まわりにいる家族がさまざまな日常生活行為を代わりにやってあげるようになる。高齢者自身もしだいに家族に依存していくようになる。在宅での同居生活では、高齢者本人がするべきことを、家族が代行したり代弁したりする場面が多くなっていくのである。

　この繰り返しのなかで家族は、自分が高齢者のことをもっとも理解し、助けているという思いを徐々に強くしていく。じつはこの思いのなかに、介護者としての家族の都合や、思い込みが少なからず混入していることに家族は気づかない。こうした状況下では、高齢者本人にかかわることを家族が自分の願望の延長で話したり、本人の願いを確かめずに決めつけてしまうことが起こりやすくなる。とくに痴呆性高齢者の場合、このズレを確かめたり、調整したりすることが容易ではない。

　このように家族同居の状況下で高齢者が弱化していく。そのときの危険性は、本人の自立意識がしだいに弱まり、自分でも何を望んでいるのか徐々に不明確になっていくことである。

　人生最後の幕引きをどうしたいのか、最後の日々をどう過ごしたいのか。これはとても大切なことで、本来、本人の願いを中核にして決定されるべき事柄である。一見、人間が大切にされているように見えて、じつは大切にされていない日本社会の日常が、ここにもよく見てとれるだろう。

★36　ある大規模施設での「食」の風景

●痴呆症のためにつくられた施設ではない

　ここで、痴呆性高齢者グループホーム登場のもうひとつの背景である、施設ケアの状況に話を進めよう。

　160万痴呆性高齢者の残りの3分の1の方々は、施設におられる。「生活しておられる」とか「暮らしておられる」と書きたいのだが、そのように表現できない現実がある。

　ここでいう施設とは、特別養護老人ホーム、老人保健施設、いわゆる老人病院、そして一部の精神病院である。これらの施設群は、元来、痴呆症ケアのために創設されたものではない。記憶障害と見当識障害という痴呆症の中核症状に対する根本的な対応が見出せないままに、集団管理的なケア形態で痴呆性高齢者を処遇しているのが実情である。

　したがって、その周辺症状や随伴症状としてあらわれてくる徘徊や妄想などのいわゆる問題行動をコントロール（管理・抑制）するという手法に頼らざるをえなくなる。薬によるコントロール、物理的・空間的拘束、あるいは言葉による禁止などの措置がとられる。これらは根本的治療になるどころか、痴呆性高齢者のストレスや不安を倍加させることで悪循環を引き起こすのである。

　そもそも現状の施設は住居としての空間スケールをはるかに逸脱し、繰返しパターンの多い巨大で複雑な建物である。しかも長年暮らしのなかで馴染んできた日常生活のためのしつらえもほとんどなく、痴呆性高齢者たちは、どう振る舞ってよいかわからなくなる。そうした環境のなかで、かれらがもっとも不得手とする、大集団での管理的なプログラムによるケアが実施されている。これが多くの施設の現状である。

　住まいは生活行為の舞台であり、生活展開のしつらえをさまざまに内包している。しかし従来のこうした施設では生活展開のためのしつらえは乏しく、鉄筋コンクリートの単調で無機質な箱である場合が常である。痴呆性高齢者は頭の中で想定したり、応用したり、臨機応変に振る舞っ

たりすることができず、ある意味で環境に対して非常に正直に反応する。したがって、空間や環境の貧しさがそのまま行為の貧しさに直結しやすいのである。

2-2　グループホームとは何か

●住宅と施設の二重性をもつ

　グループホームは、こうした在宅と施設双方の課題を乗り越える可能性を秘めた居住形態、ケア形態として登場してきたわけである。

　住みなれた自宅ではないけれど、家庭的な雰囲気のなかで時間がゆったりと流れ、専門のスタッフにさりげなく見守られながら、痴呆性高齢者一人ひとりがその人らしい生活を再構築していく。そんな場が求められていたのである。こうした生活（＝ケア）をとおして、痴呆症それ自体は治癒するわけではないが、その進行を遅らせたり、随伴症状が著しく改善された状態で暮らしを続けられるようになる。

　グループホームは、「住宅でもないし施設でもない」。しかしそこに期待されている機能と役割から考えると、「住宅でもあり施設でもある」という言い方もできる。なぜそのような2つの矛盾した表現になるのか。

　前者は、計画者側の視点に立ったときに逢着する結論であり、後者は利用する高齢者側の視点からみたときにグループホームに求められる質である。すなわちグループホームを既存の施策の枠組みにのっとって位置づけようとすると、住宅でも施設でもないと結論づけざるをえないが、入居する高齢者にとってはまさに住まいであると同時に専門のスタッフが24時間常駐する施設でもあるのである。

　グループホームの可能性は、まさにこの「住宅と施設の二重性」にある、と筆者は思っている。

●グループホームの本質——「垂直」から「水平」、さらに「横断」へ

　大規模な施設での集団生活とくらべ生活の単位が小さくなり、一人ひとりの顔が見えるようになり、個々の高齢者の持ち味や生活のペースがつかめてくると、痴呆性高齢者自身の表情が変わり、スタッフと高齢者間の人間関係が大きく変わってくる。

　従来、明確に切り分けられてきた、介護を「する側」と「受ける側」という垂直の固定した関係から、生活の再構築途上の高齢者を側面から支える関係へと、さらには共に暮らす仲間としての関係へと変化してくるのである。

　加えて、スタッフ側のかかわり方の姿勢がプログラム主導型から個々の高齢者のペースに合わせたゆったりとしたリズムに変わるとき、また規則やルールずくめの管理的な姿勢から一人ひとりの個別的な特性を受容できるゆとりある姿勢に変わるとき、そして禁止の言葉や指導の言葉を乱発する「指示的接近」「教育的接近」から、声を出さずにまなざしであたたかく見守り、危ないときだけ近づいてサポートする「黙視的接近」へと変わるとき、スタッフと高齢者の関係は確実に変化していくだろう。

★37　グループホームでの「食」の風景

従来の施設における「垂直」の関係から、側面から支える「水平」の関係へと、そしてさらには適宜役割を変化させ交換しながらの「横断性」概念による人間関係の実現に向けて、関係が変化していくのである（大原一興［2000］）。

　これはまさに、コミュニティの元としての人間関係そのものではないか。痴呆症にともなう生活障害をもつ高齢者の集住の場、ケアの現場から、個別の人間の共同の生活集団としてのコミュニティが立ち上がっているのである。

● グループホームから在宅と施設を逆照射すると……

　以上述べてきたようなグループホームの本質によって、逆に在宅や施設の現状を照射してみよう。すると、それぞれに重要なメッセージがみえてくる。

　在宅における家族の存在、家族介護の意味については先に述べた。一見大切にされているようにみえながら本人の自立意識がじわじわとむしばまれていく構造について触れたが、痴呆初期の症状を前に冷静に受け止めることができず、苛立ったり裁いたりして、強者が弱者に向かう「垂直」の関係に陥ってしまうことが、在宅でも十分ありうるだろう。まるでかつての親子の立場が逆転したようになって、「報復の介護」という状況すら考えられなくはない。近年少しずつ調査の手が及んできている在宅における老人虐待の実態報告でも、驚くべき状況が明らかにされている。

　まさに「在宅の施設化」とでも咄嗟に言ってしまいそうになるが、それは良質なケアを心がけている施設に失礼だろう。むしろここで注意しておかなければならないのは、こうした老人虐待と呼ばれる状況が、じつは極端で特殊なケースではないことである。

　たとえば痴呆初期の特徴である繰り返される質問への無視や、言葉による暴力といった、日常介護のストレス状態のなかできわめて無意識に

おこなってしまいがちである。これが老人虐待の入口であるという事実を忘れてはならない。

　親子や配偶者といった血縁・親族縁でがんじがらめになっているがゆえに、相対化できず、感情が煮詰まってしまい非理性的な行為に至ってしまう。介護者の側ではその行為に至るまでの経緯をしっかり憶えているし、その行為に及んでしまうほどに激昂してしまった理由ももっている。しかし相手にとっては、もう経緯は忘却の彼方なのである。いまの殴られた痛みや、罵倒され傷ついた感情のみが澱のように残っている。こうして経緯の不明な傷だけが累積し、家族は「敵」になっていくのである。

　グループホームでは血縁につながれない相手が、感情をひきずることなく、痴呆性高齢者のありのままの姿を受容してくれる。グループホームですっかり落ち着いた身内に接して、家族は自分たちが在宅でおこなっていた「介護」の中身と、家族であることの罪とに向き合わされるのである。けっきょく家族が家族になるためには、そこで信頼関係が新たに結び直されねばならず、また新たに出会い直さなければならないのだ。というより、ここでようやく家族は、高齢者と向き合うことができるのだと思う。

　施設の側も然りである。

　「グループホームの本質」の項で述べてきたことは、なにも痴呆性高齢者グループホームのみに当てはまることではない。いや、高齢者ケアに共通して求められる普遍的なあり方が、このなかに示されているのではないだろうか。

　この「グループホームの本質」が、なぜ特別養護老人ホームでできないのか？　現状の施設における具体的なケアやハードのあり方のどこをどう変えていけばよいのか？　それらの問いへの答えやヒントを、グループホームは豊かに内包していると思う。

　特別養護老人ホーム、老人保健施設、あるいはいわゆる老人病院も、

★38 そんなに家具は多くないのに和室は「暮らし感」がでやすい

同様の視点で見直していけば、高齢者ケア全体の改革につなげていくことができるはずである。それは施設のなかだけの改革にとどまらず、家族を、地域を変化させることにつながっていくだろう。

● ノーマライゼーションの新たな定義

かつて鉱山の坑道において、二酸化炭素や一酸化炭素にもっとも敏感に反応するということから、抗夫がカナリアを携えて入り、作業時の危険防止を図ったという話がある。

すでに述べたとおり痴呆性高齢者は、頭の中で想定したり、応用したり、臨機応変に振る舞ったりすることができない。ある意味で環境に対して非常に正直に反応し、ストレスにもきわめて弱い存在である。この痴呆性高齢者に心身症的ないわゆる問題行動が出るということは、かれらの日常生活環境が劣悪であるということである。そしてその日常生活環境は、当然、非痴呆症の人びとにとっても悪い環境なのである。痴呆性高齢者の方々がカナリアになって、人間の劣悪な住環境に対する警告を発してくれていると考えるべきだろう。

近年、新聞を読んでいると嫌な事件が多い。とくに嫌なのは、偏差値が高く知恵に長けた人がその知力を悪用する事件である。こうした小さ

かしい悪知恵を弄することのできない痴呆症の方々に調査で接していて、いつのまにかこちらが癒されていることに気づかされることが多い。

　従来ノーマライゼーションとは、たとえば「痴呆性高齢者や施設でケアを受けている方々に、社会のなかで普通の生活を保障してあげる」ことだと理解されてきた。しかし、筆者は最近これとは異なる理解をもつようになった。今日、日本社会のなかの「普通」の人びとのほうが、アブノーマルなのである。痴呆性高齢者と接するなかから、むしろわれわれの側が癒され、ノーマライズされる。こういうことをノーマライゼーションと呼ぶべきなのではないか。

　地域のなかに存在する痴呆性高齢者グループホームが、家族や地域の人びとの出入りによって地域コミュニティと脈絡が通い、日常的な交流の場として呼吸しだす。そのとき、ひるがえって見直してみると、じつは地域コミュニティ全体がノーマライズされていることに気づかされるのである。

2-3　グループホームにふさわしい環境とは

●空間の貧しさが行動の貧しさを生む

　地域に暮らしていたときには、朝起床した時点から夜床に就くまでの日常の時間を埋めていくさまざまな生活の素材が存在していたが、施設では時間を埋める縁(よすが)が見出せない。

　とくに施設にすっかり適応してしまう(無為に身を任せることに慣れてしまう)までの期間は、何もしないでいることの苦痛に絶えられない。壁紙が少しめくれたところに目を留めては、そこから順に壁紙を剥がしていく「仕事」や、建具のネジを見つけてひとつずつ外していく「仕事」を見出して、気が狂うほど退屈な時間を埋めようとする。

空間の貧しさはそのまま行動の貧しさに直結していくのである。廊下の行き止まりで排尿してしまったり、ベッドからマットを引きずり下ろしてしまったりといった、いわゆる問題行動としてとらえられがちな行動も、その痴呆性高齢者に染みついたある種の空間感覚をもとに、馴染めない施設の環境に対してその人なりに対応しようとしているのだと理解すべきであろう（こうした場合、自宅の便所の位置関係や雰囲気が似通っていたり、かつての排尿習慣との関連があったり、自宅では畳就寝で押入れからの布団の出し入れが習慣になっていたりする）。

●空間の「仕掛け」で日常生活行為を取りもどす

　元来、私たちが日常おこなっている生活行為（たとえば食事、就寝、排泄）には手続き性がある。食事をするとき、私たちはいきなり目の前の素材に手を伸ばしたり口に放り込んだりしない。手順にしたがって調理し、器に盛り、食卓に並べ、感謝し、箸を使って口に運び、食べ終わって余韻を楽しむ。老齢化による心身機能の低下にともない、人にはそうした手続き性が抜け落ちていく傾向がある。痴呆性高齢者の場合はなおさらである。

　そのようなとき、空間のなかの仕掛けや、かつて馴染んだ道具が、生活行為の手続き性を回復していくうえでの手掛かりになる。とくに日本の伝統的な住まいには「空間の作法」という文化があり、上り框や床の間、座敷と襖の開閉、縁側や手水、囲炉裏等、独特の生活行為と様式的にきっちり対応した空間の仕掛けが数多く存在する。こうした要素を高齢者の施設の公私の空間に豊かに生かしていくことにより、入居者にとって消えてしまっていた行為や動作へと誘導することが可能になる。

　無気力で消極的になってしまっている痴呆性高齢者を、指示や命令によってではなく、ある生活行為に導いていくためにも、こうした生活空間のなかの仕掛けが大いに役立つのである。

●体に染み込んだ記憶を手がかりに

　痴呆性高齢者に共通した症状のひとつは記憶障害であるが、その一方で、記憶はかれらの残存能力を活性化させるうえでの手掛かりでもある。短期の記憶はまったく失われてしまっても、長期に遡った記憶は、断片的にではあれしばしば明瞭に残されている。それらを探り出し、手がかりにしながら、日常生活行為を再構築していくことは可能である。ここでも過去に馴染んだ空間、環境が大きな助けになる。

　一方、こうした状態像の高齢者に対しては、言葉による問いかけによっていちいち記憶を試したりすることはストレスを倍加させる。まったくの逆効果である。うまく機能しなくなっている思考の代わりに、体に深く刻み込まれた生活習慣や記憶、たとえば古い記憶にとどめられた物や色、形、音楽、においなどを用いて、その記憶を呼び覚ますことが効果的である。

　その意味では、居室空間においても共用空間においても、高齢者たちがかつて日常生活のなかで長く馴染んできた建具や道具類、かれらが活発であった青壮年期に流行した家具やインテリア、世代文化を反映した絵や写真、道具などを、記憶を呼び覚ます仕掛けとして配し、生活空間

★39　いろりを囲む時間

を構成することはきわめて有効である。

　個々人レベルでは、その人にとってとくに愛着のある物や事柄（音楽やにおいの場合もある）を探り出し、個人の空間を特徴づけたり、一日の活動内容として盛り込んだりする工夫も大切である。

★40　グループホーム「いわうちわの里」でとれた芋

　具体的には、障子、襖、縁側、囲炉裏といった高齢者がかつて馴染んだ生活空間のほかにも、壁紙の選び方、仕上げ材料やディテール、色調、カーテンや織物、照明器具、生活用品や小道具、家具に至るまで、かれらの記憶を呼び覚まし生活行為への連動を促す手がかりとなるものは限りなく存在する。

　スタッフの適切な働きかけがこれらの物理的環境に埋め込まれた仕掛けとうまく呼応しあうと、こうしたもののひとつが突然ある記憶を呼び覚まし、部分的ではあれ会話の糸口になったり、日常生活行為の導入のきっかけになったり、感覚を刺激したりすることがしばしば起こりうる。また、こうした環境のなかにおいては、スタッフが高齢者の相手をしやすくなることも見逃せない側面である。

●地域に開いていくことの大切さ

　痴呆性高齢者グループホームは、その人的規模においても、物理的空間規模においても、小規模で家庭に近いスケールである。そのことからくるプラス面についてはこれまで強調してきたが、一方で「小規模であるがゆえの危険」についても言及しておかなければならない。

　利用者にとっての生活の広がりが小規模なグループホーム内で完結してしまうと、利用者の生活の質はグループホーム内の人的・物理的環境の質によって完全に左右されてしまうおそれがある。仮にその質が良質

★41　地域とのつながりの場となる移動販売

ではない、あるいは不十分である場合、そこに生活する高齢者にとっては逃げ場のないマイナスの状況が生まれてしまう。その意味において、グループホームにとって外部、すなわち地域とのつながりがきわめて重要になってくる。

この外部地域との良好な関係を確保するうえでの第一要件は、グループホームの立地環境である。具体的にいえば、グループホームが地域とつながり、地域に開かれているためには、グループホーム自体が地域のなかに立地していることが前提となるということである。人里離れた山間や、住宅のない工場地帯などではグループホームは孤立した施設になりやすく、利用者も地域のなかに暮らしているという実感をもてない。

グループホームと地域との脈絡をつなげるためには、家族の自由な訪問が容認されていることはいうまでもないが、地域の人びと（たとえば乳製品販売や八百屋、その他の移動販売、訪問理容、郵便配達員など）が、さまざまなかたちでグループホームに訪ねてきてくれるような機会をつくり出すことが望ましい。その一方で、入居者自身も地域の一員として老人会に参加したり、地域の居酒屋やカラオケを訪ねたりといった積極的な外出も望まれる。

このように地域との双方向の交流が日常的に成り立っていれば、入居者の捜索をせねばならない事態が発生したときなどでも、地域からの自然な協力を得ることができるだろう。

3 協働生活型高齢者居住

3-1 三反田ケア付き仮設住宅の一日

　最後にどうしても取り上げておきたい高齢者居住のテーマがある。それは、協働生活型の高齢者居住である。

　本書の冒頭で、高齢期の人を花に喩えた。そして、高齢期に人が長年暮らした住まいから引き剥がされたとき、その人が新しい場所でふたたびその場所から生命力を汲み上げ生活を立て直して生きていけるか否かは、その場所でみずから根を伸ばし、他者と「与えあう関係」がふたたび成立するか否かにかかっていると述べた。

　以下に引用するのは、阪神淡路大震災の後建てられた「三反田ケア付き仮設住宅」(図Ⅲ-14)における、ある一日の生活の様子をつづったものである (以下、相澤亮太郎「三反田のある一日」、三反田仮設住宅報告書刊行委員会編『こんな暮らしをもっといっぱい』1998年より引用)。

図Ⅲ 14　三反田ケア付き仮設住宅平面図

出典　三浦研 [2000]

とん、とん、とん、とん…………。

朝7時、入居者の一人が朝食の準備のために食堂兼炊事場で野菜を切っている。味噌汁の具にするのだろうか。

とんとんとんとん……。

その横で職員も一緒に何かつくっている。これは別の入居者の朝食だろうか。

美味しそうなにおいが立ち込めてきた。時間がたつにつれて食堂もにぎやかになってくる。

また一人、入居者がやってきた。

「おはようございます」

「おはようございます。今日もいい天気ですね」

「Aさんは今日はまだかしら」

「そうねえ、そろそろAさんを起こす時間だわ。ちょっと行ってきます」

パタパタパタとスリッパの音が廊下に鳴り響く。戸を叩き「おはようございます。調子はどうですか」と声をかける。

「あら、おはよう。まだ調子が悪くって……。昨日の晩もらった薬も効かないみたいだし……」

★42　三反田ケア付き住宅の外観

Aさんは最近調子が悪いようで、昨晩もコールで職員を呼んだのだった。
「それでは今日は病院に行きましょうか。それともゆっくりしていたほうがいいですか」「病院に行ったほうがいいかしらねぇ？」
「それでは、今日はBさん（職員）に送り迎えしてくれるように言っておきますね」
「ありがとう」
「朝ごはんはどうしますか。食欲はあります？」
「全然ダメ。またあとにして……」
「わかりました。それでは何かあったらすぐに呼んでくださいね。失礼します」
と、Aさんの部屋を立ち去る。

★43　干し柿をつくる

◆

「Aさんどうでした？」
　食堂にいた他の入居者が心配そうに尋ねる。
「今日病院に行かれるって。朝食は皆さんと一緒に食べられないって」
と、先ほど話をしてきた職員が答える。
「そう、心配ね……」と、今まで新聞の折り込み広告を熱心に見ていた別の入居者がつぶやく。こちらはこちらでさっきまで今日の買い物を何にしようかと真剣に考えていたのだ。
「今日はCスーパーで鶏肉が安いわよ」
「だけどCスーパーではお魚が特売よ」と、さらに横にいた職員が口をはさむ。
「それでは今夜はお刺身というのどうかしら」
「そうしようかねぇ」
　朝食が終わると食事の片付けをしてから自分の部屋に帰る。自分のぶんは自分で洗うのが原則なのだが、なかには「洗ってあげる」といって

協働生活型高齢者居住

他の人のぶんまで洗ってくれる人もいる。

　その後は職員は共用部分の掃除や引継ぎがあり食事の後も忙しいが、入居者のほうは思い思いに過ごす。他の入居者の部屋に遊びにいく人もいるし、散歩や病院にいく人もいる。この時間、食堂は閑散とし、職員だけが動いている。

　10時前には遅出の職員がやってくる。主に外出の介助や買物にいけない入居者からの買物を引き受けている。職員と相談しながら買物の内容を決める人もいるし、「○○という店が××にあって、そこで今日は鶏肉の特売があるから、皮のいっぱいついた胸肉を200グラム買ってきて」と頼む人もいる。職員は買物の内容のメモと、入居者から預かったお金を持って買物にいく。

　買物から帰ってくると「買ってきました」と言いながら入居者に届ける。おつりの精算にはとくに気をつかうという。それでも、老人ホームなどの施設と違って、お金の管理を入居者自身がおこなっていることはここの大きな特徴だ。自分のお金は自分で管理するという「当たり前」のことの積み重ねが、入居者一人ひとりの「自律」につながる。職員の苦労ははかり知れないが……。

★44　おやつの時間

◆

　お昼近くなってくると食堂はふたたび騒がしくなってくる。まず、お昼の前には「足浴」をする人たちが現れる。リハビリの一環としてここでもおこなっているのだが、まずは職員がお湯の準備をしてくれる。あとはゆっくりと食堂でお湯の入った桶に足を突っ込んで談笑する。

　そのとき、材料と調理道具を持って入居者の一人が現れた。
「今日は竹の子と人参の煮物なの」と、野菜を切りながら職員に話しか

★45　メニューの相談

ける。
「わあ、いいですね」
「そうそう、今日はスーパーの特売日ですごく安かったのよ」
　会話は楽しげにつづく。
　職員は食事をつくれない人のぶんの昼食の準備や手伝いをする。
「今日は何にしましょうか。鍋焼きうどんは昨日食べたし、どうしましょうか？」
「ラーメン……」
「ラーメンねえ、じゃあそうしましょう。麺類好きですねえ」
　職員は「これにしましょう」ということは言わない。言ったとしても選択肢を示すぐらいだ。
　正午になると入居者が食堂に集まってくる。もちろん居室で昼食をとる人もいるが、多くの人は食堂にやってきてみんなで食卓を囲む。楽しげにずっと会話をしている人、黙々と食べている人などさまざまだ。
「今日の食事は少し辛いわね、Ｄさん」
　入居者の一人から軽い皮肉が飛ぶ。
「そうですか、すみません。私はちょうどいいと思ったんですりど……」
　一瞬険悪な雰囲気なのかと疑ってしまったが、このような「皮肉の言い合える関係」こそが、ここの入居者と職員との関係だ。ある人は「擬似家族」とまで言う。もちろんそればっかりではないが……。

協働生活型高齢者居住

Column 人生の勾配

　20世紀から21世紀への変わり目を、筆者はちょうど50歳で迎えた。かつては人の一生の長さの目安であった年齢である。今日的にいえば、身体的にさまざまなトラブルや衰弱が目立ちはじめ、残り3分の1の道程の終わりが意識に入りつつも、否も応もなく全力疾走の年齢である。身体的には明らかに坂を下りつつ、人生の見晴らしは以前よりも利くようになる状況のなかで、ある種の目眩のようなものを感じることが時折ある。

　20歳のころの私は、50歳なんか超えたら心の振り幅も落ち着いて、もっと枯淡な人間になるのだろうと想像していた。しかし、50歳を超えても私は相変わらずそのころの私の連続線上にいるのを強く感じる。

　つまり、社会的に求められる年相応のありようや否定しがたく身体のそこここに自覚される衰えと、それを内側から見つめ心動かされている内的自己の距離が、ここへ来てかなり開いてしまっていることに驚かされているのである。

　たしかに加齢とともに、移動能力をはじめとする身体能力は衰えていく。しかし、その身体機能の衰えによって精神世界を衰えさせてしまう必要はない。住まいや街のバリアフリー化が進み、身体機能の低下した人にも利用しやすいユニバーサルデザインの生活用品や生活環境が実現すれば、80歳を超えても好奇心に満ちた眼差しで、瑞々しい豊かな人生経験に裏打ちされて、人生のなかでも最も豊かな時間をつくりだしてくれるに違いない。

◆

　食事が終わると各自片付けをしてふたたび静かな時を迎える……、と思いきや、週のうち半分以上は外からの来客があるので結構にぎやかだ。お風呂に入りにきている地域の高齢者、地域のボランティアグループ、見学者など、とにかく引っきりなしである。入居者のほうも慣れたもので、食堂で談笑したり、来客を部屋に招きいれたりしてくれる。

　「どこから来なさったの？」「今日はいつまでいるの？」など、入居者のほうが積極的に話してくれる場合もあり、見学にきた学生のほうがかえってしどろもどろになるような風景もしばしば見受けられる。

　「いままでの生活では考えられないほど充実している」という入居者が多いのはわかるような気がする。もちろん見学者にもそう話してくれる。食堂にずっといると、つねに笑い声と楽しげな話し声が聞ける。

午後3時になると、職員がつくったお菓子などを食べる「おやつの時間」が待っている。
　「なんとかして入居者が食堂に出てきてほしい」という職員の努力から最初は始まったものだが、いまは入居者の楽しみのひとつとなっている。
「今日は何？」
「スイートポテトですぅ」と職員がおいしそうな手作りのおやつを並べる。お客さんが一緒のときもある。さらに入居者が「今日は私が買ってくるから」といっておやつを買ってきてくれるときもある。こういう暮らしをしていると、そのようなことも不自然に感じない。
　そして、早い人はこの時間からお風呂に入りはじめる。
「今日は〇〇さんが先に入ってよ」
「いや、わたしはまだいいわよ。△△さんに先に入ってもらったら？」
「そうねえ……」
　おやつの時間が入浴の時間を決める時間に早変わりする。お風呂はいちばん遅い人でも午後8時半ごろまでには終わる。お風呂も入居者の楽しみのひとつなのだ。お風呂から出ると「ありがとう」と、誰となく声をかけて居室に帰ったり、食堂で談笑したりする。
　「誰にありがとうって言ったらいいかわかんないけど、とりあえず言いたくなるの」という入居者の言葉が印象的だった。その後はもう夕食の準備に入ってしまう。

◆

　4時半ごろ、朝から出掛けていた人たちが帰ってくる。他の入居者に「ただいま～。疲れた～」と声をかけながら居室に戻る。夕食のときまでしばし休憩だ。
　この時間、職員の引き継ぎが終わったら、さっそく「宿直」の職員は夕食の準備にと

★46　食事の準備

協働生活型高齢者居住

りかかる。

　夕食にお酒を付けてほしい、と入居者の一人が言いにきた。
「1杯だけですよ」と職員はしぶしぶ答える。
「2杯……」
「だめ！」

　もともと他の仮設にいて、寂しさを紛らわすために酒を飲み、かなりアルコール依存症気味の人だったが、ここにきて酒量は減り、健康を取りもどしつつある。すっかり人づきあいが得意になったようだ。

　6時ごろから夕食は始まる。食事のときもテレビがついているので、食い入るように見ている人、役者について語る人などさまざまだが、なかにはものすごく博識の人がいて驚かされることもある。

　ここの入居者は高齢者ばかりなので、ご多分に漏れず食事が終わると薬を飲まなければならない人が多い。薬に関しても職員に食事ごとに薬をもらっている人、自分で管理して自分で勝手に飲む人などさまざまである。

　病院のほうでも三反田仮設の入居者ということがわかっている場合は、薬の飲み方に関する注意を職員に電話してきてくれる場合もある。このような関係を病院と築けるというのも、ケア付き仮設ならではのような気がする。

◆

★47　洗濯風景

　食事が終わっても食堂に残ってテレビを見ている人もいるが、8時ごろまでにはほとんどの人が居室に戻る。食堂では職員が掃除のために働き回っている。

　午後10時になり職員が外回りをして戸締りの確認をする

と、いちおう今日一日の職員の仕事は終わる。

消灯後、貨物列車の音と踏切りの音だけが絶え間なく鳴り響く。職員は仮眠をとる。今夜はコールが鳴らないとよいのだが……。

3-2　日常の会話量を比較してみる

● 60人の特別養護老人ホームより会話量が多い

京都大学の筆者の研究室では、昭和40年代に建てられたある県立の特別養護老人ホーム（定員103名）の60人を生活単位とするフロアと、協働生活型住居「グループハウス尼崎」（図III-15）における入居者－職員間の会話量と内容を比較してみた（三浦研［2000］）。

図III-16に示されているように、特養における入居者－職員の日常会話数は、入居者一人当たり日中の12時間（7時～19時）で2.1回、またケアに関連する会話数は17.8回であった。一方、協働生活型住居では同じ日中12時間で入居者一人当たりの日常会話数が24.5回、ケアに関連する会話数は24.4回であった。

しかも特養のデータは四人部屋内での会話と共用空間での会話の総和の値であるが、協働生活型住居のほうは共用空間での会話のみをカウン

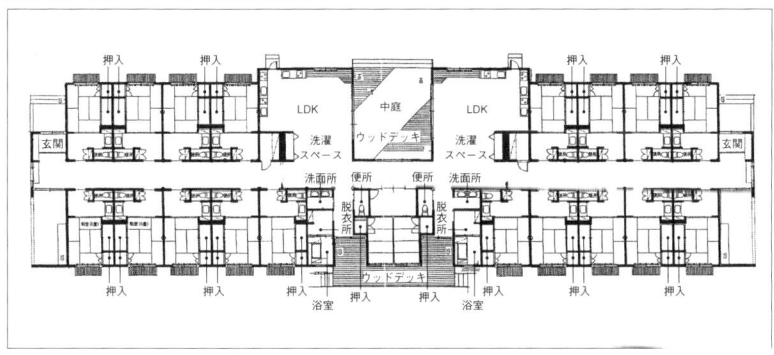

図III-15　グループハウス尼崎平面図

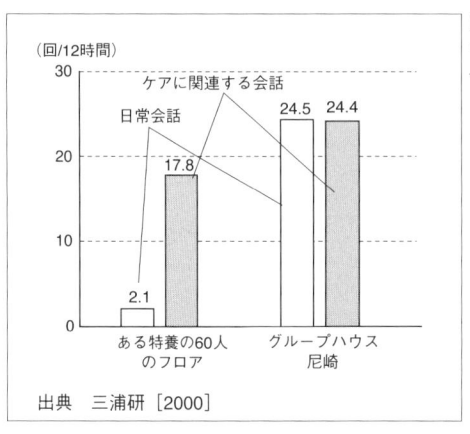

図III-16
グループハウスと特養
――入居者・職員の会話の比較

（回/12時間）、ケアに関連する会話、日常会話
ある特養の60人のフロア: 2.1、17.8
グループハウス尼崎: 24.5、24.4

出典　三浦研［2000］

トした結果である。協働生活型住居での居室滞在率が調査時に61.3％であったので、居室内での入居者－職員間会話まで含めると、実際にはさらに大きな差になるだろう。

　単純に計算しても、11人の協働生活型住居での日常会話の総量が、定員60人の特養での日常会話の総量より多い（！）という驚くべき事実が浮き彫りになる。

　参考までに、協働生活型住居「グループハウス尼崎」の入居者の要介護度をあげておくと、要支援2名、要介護1が2名、要介護2が5名、要介護3が1名、要介護4が1名である。また、このうちに2名の痴呆性高齢者が含まれている。たしかに一般的な特養よりは平均値が若干低いが、むしろこうした居住形態で4名の要介護3以上の高齢者が協働生活しておられることは注目に値するだろう。

★48　「グループハウス尼崎」の外観

★49　外を眺めながらの、おしゃべり

★50　食事風景

3-3 「食」をめぐる多彩な暮らし感

●暮らしの「呼吸」を決めるもの

　生活の様子から読み取れる高齢者の「暮らし感」「生命感」の源は、どこにあるのだろうか。家庭、あるいは下町の路地裏のような空間規模。介護する側とされる側といった垂直の関係ではない、目線の平らな入居者－職員関係もあるだろう。しかし、もっと具体的な生活の中身に目を注ぐとき、「食」のあり方の違いに思いが至る。

　協働生活型居住では、入居者各自がみずからの食を考え、備え、つくり、そして時に分かち合う。そしてそれが困難なとき、職員が側面からそれを支えるのである。

　調査時において入居者11名のうち3名がほぼ毎日自分で調理し、5名が体調によって自分でつくったり職員に依頼したりし、残る3名が三食とも職員につくってもらっている（が、何を食べるかを考え決めるのは入居者自身である）。それぞれが毎朝、新聞の折込み広告をチェックしたり、生活費を管理したりといった地域でのごく普通の生活を続ける。そして、外出しての買物、移動販売、乳製品の配達、出前など地域と結びついたさまざまな「食」をめぐる関係をとおして多彩な暮らしのリズムが生まれる。もちろん、それらの一つひとつの過程が会話やコミュニケーションを生む素材でもあるし、長年培ってきた知恵や技を他の人にお裾分けするチャンスでもある。

　こうした普通の暮らしのなかに息づく生活の呼吸を、さまざまな高齢者施設の日常に取り込めないだろうか――これが、筆者がこのごろしきりに考えていることである。

エピローグ

　高齢期を生きる人間にとっての建築空間や物理的環境がもつ意味、ケアにおいて物理的環境が果たす役割について、筆者の考えるところを述べてきた。
　テーマをざっと振り返ってみて思うのは、どのような形態の施設であれ高齢者がそこで「自分自身になれている」ことの重要性である。心身機能はたとえ衰えても、自分の人生の主人公は自分であり、それはほかの誰にも代わってもらえないし、自分の人生は自分で引き受けていくしかないという自覚である。
　読者の皆さんのなかには、「ほとんど介護者のケアに支えられて日々が成り立っている重度の高齢者にとっては"主人公"もないだろう」と思われる方もおられるだろう。しかし、たとえ自分では寝返りを打つこともできないほど身体機能が衰え意識が弱くなっていても、自分の欲求や願いにこたえてくれる人や環境が用意されていれば、「自分でありつづける」ことが可能であると私は思っている。実際私は、調査で出会ったなかで、「死に時はけっきょくのところ本人が決めたんだなあ」としか思えないケースを数多く知っている。

● 自己回復と環境

　高齢期における生活は、本人のエネルギーと、本人をとりまく環境の関係によって大きく左右される。ここでいう「関係」には、「本人の自立欠損部分を環境が補うことによって高齢期の生活の維持継続が支援される」という次元にとどまらない力が働いていると筆者はみている。
　本文でご紹介した、六人部屋の特養が全室個室でユニット化された特養に建て替えられた事例の追跡調査においても、要介護度平均4に近い

きわめて重度化の進んだ特養でありながら、食事と排泄の自立度が大幅に改善し、表情や自己表現が目にみえて向上したケースが目立った。

かつての六人部屋では、夜間の同室者のポータブルトイレ使用やいびきによる睡眠中断、物取られトラブルなどによるストレスに対し、同室者同士は互いに目にみえない壁をつくり、感覚を閉じ合うことによって生活が続けられていた実態が明らかになった。その結果、声が出なくなったり、味覚がなくなったり、排泄の自立が崩れたりしていた。

しかしそれらの人びとが個室化した新しい特養に移り、そこでの生活が落ち着くにつれ、声が出るようになり、味覚が戻り、排泄の自立が回復した。それぞれにきわめて高齢で、身体機能も弱化した方たちでありながら、生活意欲が回復したり自分を少しずつ取りもどしたりしている様子がはっきりと確認できた。

この特養が六人部屋だった時点から継続して観察調査を繰り返してきている筆者の研究室の大学院生たちが、異口同音に、個室化してから調査がとてもやりにくくなったと言う。以前は調査者の存在にほとんど無関心であった入居者たちが、個室化した新しい特養に少しずつ馴染んできた最近では、調査者の動きにとても敏感に反応するようになり、非参与による行動観察がとてもむずかしくなったというのである。

入居者の一人ひとりがしだいに感覚を取りもどし、自分自身を回復していく。これは、ここ数年私自身が計画にかかわり個室化・ユニット化を遂げた高齢者施設（ケアタウンたかのす、風の村、けま喜楽苑）で、共通して確認されている変化である。集

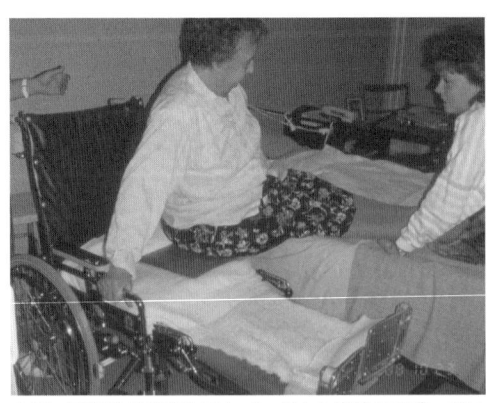

★51 下半身が麻痺してもベッドから車椅子に移っているのは「自分」、スタッフは側面から支えるだけである

団のなかに埋没させられていた入居者一人ひとりが、自己を取りもどし「個」を回復していくのである。

●環境を味方につけたケア

　人は、発達段階のどのステージにおいても、心と身体の状態がうまく調和しているときに最大限の力が出せるものである。そして、とくにモチベーションのボタンが作動したとき、すなわち「やる気」が出たときや「その気」になったとき、人は驚くほどの力を発揮することがある。「風の村」や「けま喜楽苑」では、入居時点ではまったく寝たきりで床から起き上がることができなかった入居者が車椅子で自走するようになったり、食事や排泄の自立を回復したり、声が出るようになったり、生き生きとした表情で自分のことについて話されるようになったり、家族の方々も驚かれるような変化がたくさん起こっている。

　生命力を取りもどすこうした変化は、「環境を味方につけたケア」が展開されるとき、すなわち、ほっと安心できる身の置き所、「その気」になりやすい空間やしつらえ、身体の延長として働き身体機能の欠損を補ってくれる道具や機器、そうした環境が整ったなかで、スタッフが適切なモチベーションのボタンを押したとき、「出来事」として起こるのである。

　ケアや介護といったソフトの対応だけで、言い方を変えると「環境を味方につける」ことなしには、高齢者を「受け身」の状態から「生活している主体」へと変化させることはできないのではないか。他者から何かを「してもらう」ことではないかたちで、癒され、力を回復し、あるいは自己を取りもどしていくためには、この「環境を味方につけたケア」によって高齢者が間接的に自己回復へと促されていくことが不可欠であると思う。これまで、看護教育や介護教育のなかで、この「環境を味方につける」という教育がどの程度なされてきているのだろうか。

●環境をつくる主体

　同じく自己回復を遂げていくうえで重要な役割を果たすと思われる環境からの力に、「生活の記録としての居住環境」「生活が累積していった地層としての居住環境」という視点がありうる。逆に人間の側に引きつけていえば、「環境をつくり上げてきた主体」としての入居者という視点でもある。

　これまた読者の方々にはおおげさに響くかもしれないが、たとえば、病室のベッドまわりに置かれているさまざまな物品を、その種類別（医療・看護関連、生理・衛生関連、生活関連、趣味・文化関連等）、それを管理している人別（本人、家族、看護師等）に分類し、三次元的に分析していくと、その患者のベッドまわりに、その人が直接・間接的につくり上げた療養環境が見事に浮かび上がってくる。入院期間が長期にわたればこの物品の集積は進んでいくし、これが居住施設であればさらに物品の種類の幅が広がる（44頁の図II—4参照）。

　そもそも住まいというのは、こうした行為の延長上にあると考えてよ

★52　人は物を介して過去や外の環境とつながっている

いだろう。すなわち、空間の獲得に始まり、時間経過のなかで自分自身の住要求にしたがい家具や小物などさまざまな生活の道具や衣服、食器、書籍等々を「住み手」が手に入れ、集積していくなかで「住まい」は形づくられていくものである。

　自分自身の心身の状態、身体の大きさや動きに合わせて、また一日の生活の流れにしたがって配置された物のもつ意味は、「住み手」にとってたんに機能的な役割にとどまらない。父祖から代々引き継いで大切に使いつづけている物はいうに及ばず、街や旅先で見つけ購入した物はそのときの状況やエピソードを喚起するし、人から贈られた物はその人物のことやその人への想いを呼びもどしてくれるだろう。

　そうした「物」を媒介にして人は過去の出来事とつながることができるし、人や社会ともつながっている。そのことが会話や行為のなかで呼び覚まされるときはもちろんのこと、ただそれらに取り囲まれているだけで安心し、自己のアイデンティティが補強されるのである。そして、この「物」のもつ意味は、加齢が進み、記憶障害が出はじめると、なおいっそう大きくなる。かれらはこうした「物」の存在の助けがないと、過去の出来事や人とのつながりを思い出すことが容易にできないからである。

　こうして考えてくると、たとえそこが病院の病室であっても、自分のベッドまわりに何が置かれるか、誰が置き場所や置き方を決めるかがいかに重要であるかが見えてくるだろう。

● **流れる時間の質**

　このように、「住み手」が自己の居住環境の「つくり手」であることはきわめて重要な意味をもつ。そこに生活する住み手に日々大きな力を与えるとともに、そこに流れる「時間の質」にも影響を与える。このことに気づいたのは、筆者が単身で京都に赴任し、岩倉にある１DK賃貸アパートに生活しはじめたころのことであった。

★53　キッチン：居住前　★54　キッチン：居住後

　私は、そのアパートに引っ越したその日から、ちょっとした実験を続けていた。引越し荷物が届く前のスッピンのアパートの部屋で一夜を明かした最初の日から、少しずつ家具や荷物が届き生活環境が整っていく過程を写真におさめた。それと同時に、筆者自身がその都度どういった感情を抱いたかを記録しつづけてきたのである。これはなかなか面白い自己観察の方法でもあった。

　不動産屋から鍵を受け取ったその日、トイレを開けたときに「消毒済」と印刷された薄紙が便器のふたに懸けられているのを見た瞬間から、ホテルの部屋とこの借りたばかりのアパートの同質性に撃たれ、ほとんど反射的にこの実験に踏み切ったのだった。

　「ホテル」と「住まい」は何が共通し何が違うのか。「住まい」とは何なのか——それが当初に抱いた問いであった。

　ここでその記録の詳細を披瀝することはむろん不可能だが、この新しい住まいで、ホテルの一室とは異なる感覚を体験していく過程を少しご紹介してみたいと思う。

◆

　まず、岩倉のアパートでは引越しのその日から（厳密にいえば下見に行ったときから）、隣近所の住人が気にかかった。ホテルではまずこんなことに

あまり神経は使わないだろう。

　その一方で、アパートで寝起きを始めたからといって、ただちに「生活」が始まるわけではなかった。けっきょく、ガスレンジ、冷蔵庫（ホテルにも冷蔵庫はつきものだが意味するところがまったく異なる）、洗濯機といった生活の小道具がそれぞれに到着し、それを使いはじめるにしたがって1つひとつの生活行為が始動し、相応の生活実感がみずからのものになっていった。これが当初の日々の記録の要約である。

　洗濯機同様、掃除機の存在も「生活」に新たな次元を加えてくれたが、これはいわば、「手入れをする」「育む」といったことに通ずる時間の次元を生活に付与してくれた感じであった。「育む」といえば、じつは引越しの日、友人から観葉植物の小さな鉢をいただいたのだったが、これは申し訳ないことに夏の不在時に枯らせてしまった。

　住まいとしての実感が、あるときからグンと強まったのは（たとえば休日に大学に出かけず家で過ごそうという気が起こる）、三鷹のアパートの食堂兼居間に据えられていた大きな食卓が到着し、その上にやはり三鷹で使っていたデンマーク製のペンダント照明を下げた日からだった。その食卓横の壁に2枚の額絵（長男が5歳のときに描いた絵と、彼がまだ5か月だったころの眠っている姿を私が描いた絵）を掛け、三鷹からのコンポーネントステレオを組み立てて、大江光のCDを聴きながら手料理に舌鼓を打ったりした夜は、すっかり「住まい」を実感していた。

　ホテルにはないこうした時間の質は、ここに触れてきたような数々の小

★55　トイレ：居住前　　★56　トイレ：居住後

エピローグ　　137

道具、それを包む空間、そしてさらにその空間が置かれている地域、それらと住み手である筆者が長くつきあうことにより感じられるようになったのだと思う。その意味において、「住まい」はたんなる物理的な存在ではなく、生活を満たしていく想いや行為の引き金あるいは舞台であり、そこで日々営まれた生活の記録でもある。

　まるでホテルの客室のような空間からスタートし、環境の「つくり手」として生活を重ねていくなかで、いまの自分自身とちょうど「入れ子」の関係になった「住まい」が日々形成されつつある。自己の現在の心身のエネルギーレベルとちょうど釣り合いのとれた居住環境のなかに身を置くとき、私も「自分自身になれている」気がする。そしてこれは、高齢期を登りつめておられる方たちにとっても、同じなのである。

★57　居室に招いて雑談

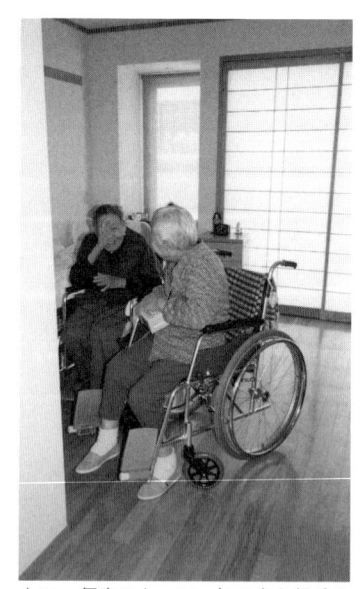

★58　個室になって、気の合う相手を選んで居室で過ごせるようになった

インタビュー
自分らしさを取り戻すために

施設とは何だろう──その疑問が出発点

　私は牧師の子だったので、教会に通ってくるお年寄りに可愛がられて育ちました。そこで出会ったお年寄りは、職業やステータスに関係なく自己受容ができていて、人生の四季でいえば秋の実りのような豊かな人々でした。

　ところが、大学時代に卒業論文のために訪れた養護老人ホームで出会ったお年寄りというのは、人生の四季でいえば「冬」。居室も8畳間に4人が寝起きする、個人領域のほとんどない空間でした。「もう何も期待しないし、楽しみにしていることはない。お迎えが来るのを待っているだけ」と、あるお年寄りが話してくれたのを覚えています。

　私は驚きましたね。教会に通っていたお年寄りとどうしてこんなに違うんだろう、この違いを作り出す施設とはなんだろうと。この疑問が、私が高齢者施設に強い関心をもつきっかけとなりました。

　その後、私は医療施設専門の設計事務所に勤め、多くの医療機関や高齢者施設を設計しました。その過程で、病院や施設の管理スタッフの方とは打ち合わせをしますが、施設の主人である患者さんや高齢者の声を直接聞く機会は一度もありませんでした。私は、これでよいのだろうかというフラストレーションがたまって、このまま続けていけば自分がだめになると思ったのです。それで、スウェーデン留学を決めました。

スウェーデン留学での喪失体験は、貴重でした

　私はスウェーデンの社会保険庁に論文などを送り、いくつかの留学先を紹介してもらいました。そのうちのひとつ、王立工科大学のスヴェン・ティーベイ教授が主催する研究所で見せてもらった研究カタログに、「ユーザーズ・ポイント・オブ・ビュー（user's point of view）」という言葉が繰り返し書かれていました。つまり、患者や高齢者の視点ということです。私が探していたのはここにあるかもしれないと思いました。そこで、その研究所で学ばせてほしいと教授にお願いをして、受け入れてもらいました。

　しかし、留学はしたものの、それまでスウェーデン語は勉強したことがありませんでした。スウェーデン語を体得するまでは本当につらかったですね。一種の喪失体験でした。おなかがすいたというような簡単な意思の疎通はどうにかなりますが、学問上の議論になると黙るしかない。ヨーロッパでは会話に参加できないと、言いたいことがないのだろうと放っておかれますから、人格まで縮小してしまう。その自分を自分自身が受容することが、なかなかできませんでした。

　これは高齢者も同じではないかと思います。足が弱くなったり耳が遠くなったり。高齢期というのは、ある種、喪失体験の連続です。そのなかで残存能力を使いながら、再度、自分なりのバランスを再構築するのが老後のテーマではないでしょうか。

　私自身がスウェーデンで喪失体験をしたことによって、施設に入居するお年寄りの気持ちが深く理解できるようになりました。非常に貴重な体験でしたね。

個室は、高齢者が自分自身を取り戻せる空間

　最近は対談や講演会などでユニットケアについてお話する機会が多いのですが、ユニットケアとは、個室が確保されていることが前提です。個室というのは、単に一人部屋を用意すればよいのではありません。自宅で使用していた家具類を持ち込んで、安心できる空間を確保することが重要なのです。

　高齢者も施設に入居する前は、私たちと同じように、朝起きる時間も好きなことも、一人ひとり違うわけです。でも施設に入ると、そういった楽しみや大切にしてきたことをすべて諦めていかなければならない。そうやって諦めていくと、生きる意欲まで失われていきます。人が何かをするときには、"やりたい"という動機付けと身体能力、それを可能にする環境が必要です。この環境を奪ってしまうと、動機付けや能力まで低下してしまいます。

　ユニットケアとは、私は「自己回復」と呼んでいますが、お年寄りが自分自身に戻って、その人らしい欲求が出ることが前提なのです。それに個別に応えていく介護ですから。

逆デイで、お年寄りの変化を体験してほしい

　ユニットケアは決して難しいものではありませんが、職員の方が、実際に体験しないとわかりにくい要素をもっています。ですから、私は「逆デイサービス」というのをお薦めしています。

　施設のお年寄りと職員が、地域の古い民家を改造したデイサービスなどに出かけて行き、数人で1日一緒に過ごします。庭

先で野菜をつくったり、地域の人が訪ねてきたり、そこで生活が展開すると、お年寄りの表情がイキイキと別人のように変わります。それを見た職員は、どうして施設ではこういう表情を見せてくれないんだろうと考えます。この体験がとても大切です。この笑顔を施設内で実現するのが、ユニットケアなのです。

　構造的には、これまで廊下だったスペースをリビングに変えて、何人くらいだったら顔を覚えられるかというような、高齢者の視点でユニットを組んでいきます。個室のすぐ前がリビングですから、ちょっと集まったり作業をしたりするなど、入居者にとって生活空間が広がります。また、小さな単位にすることで、職員も移動介助にかける距離・時間が減りますから、お年寄り一人ひとりの心の声を聞く余裕ができるわけです。

　そのほかにも、4ユニットに一つくらいのセミパブリックスペース（準公的空間）や地域交流スペースをつくる試みもしています。市場や喫茶店を開いたりと、施設のなかに地域を呼び込んで以前の生活に近づけると、要介護度の高い人でも、その人のレベルに合った変化のある生活が成り立つのです。

　高齢者施設の経営者や職員の方には、ユニットケアの意義や、数十年後に自分も入居することを考えながら、事業計画や介護に従事していただきたいです。そして、すべてのお年寄りに、実りの秋のような、豊かな老後を過ごしてほしいですね。

（取材日：2002年10月31日）

●高齢者福祉専門誌「ミズ・コミュニティ」Vol.26 冬号より転載

参考文献

石田妙、外山義、三浦研［2001］「空間の使われ方と会話特性から見た特別養護老人ホームにおける六床室の生活実態」、『日本建築学会大会学術講演梗概集』E－1分冊、215頁

井上由起子、外山義、橘弘志、高橋鷹志、鈴木毅［1995］「個室型特別養護老人ホームの入居者の領域展開シナリオからみた生活スタイル：高齢者居住施設における個人的領域形成に関する研究その3」、『日本建築学会大会学術講演梗概集』、113－114頁

井上由起子、外山義、小滝一正、大原一興［1997］「高齢者居住施設における入居者の個人領域形成に関する考察：住まいとしての特別養護老人ホームのあり方に関する研究その1」、『日本建築学会計画系論文集』501号、109－115頁

井上由起子、外山義、小滝一正、大原一興［1998］「高齢者居住施設における個別的介護に関する考察：住まいとしての特別養護老人ホームのあり方に関する研究その2」、『日本建築学会計画系論文集』508号、83頁

大原一興［2000］「変化する高齢者の住空間」、『TOTO通信』第44巻3号

海道真妃［2001］「特別養護老人ホームの個室化、小規模ユニット化が入居者の生活展開とケアに与える影響：多人数居室型から全室個室型への建て替え事例の追跡調査を通して」平成13年度京都大学大学院工学研究科環境地球工学専攻修士論文

全国社会福祉協議会［2000］『第5回全国老人ホーム基礎調査報告書』

高橋鷹志、橘弘志ほか［1993］「高齢者居住施設における居住者の生活領域に関する研究」、平成3・4年度科学研究費助成研究成果報告書『高齢者居住環境に関する環境心理学的研究』、課題番号03301011

橘弘志、外山義、高橋鷹志、古賀紀江［1997］「個室型特別養護老人ホームにおける個室内の個人的領域形成に関する研究」、『日本建築学会計画系論文集』500号、133-138頁

橘弘志、外山義、高橋鷹志［1998］「特別養護老人ホーム入居者の施設空間に展開する生活行動の場：個室型特別養護老人ホームの空間構成に関する研究その1」、『日本建築学会計画系論文集』512号、115-122頁

橘弘志、外山義、高橋鷹志［1999］「特別養護老人ホーム入居者の個人的領域形成と施設空間構成：個室型特別養護老人ホームの空間構成に関する研究その2」、『日本建築学会計画系論文集』523号、163-169頁

外山義［1996］「高齢者の住生活行動」、『住行動の心理学』朝倉書店

外山義［2000］『グループホーム読本』ミネルヴァ書房

三浦研［2000］「グループハウスの可能性（特集：変容するコミュニティー）」、『建築雑誌』第115巻1461号

三浦研、鈴木健二、佐藤友彦、外山義［2001］「個室ユニット化に伴う看護および介護職員の身体活動量の変化」、『日本建築学会大会学術講演梗概集』E－1分冊、207頁

山口健太郎、外山義、三浦研［2002］「重度要介護高齢者の睡眠−覚醒リズムと居住環境の関わりについて：個室ユニット型と多床室大規模型の比較から」、『日本生理人類学会誌』第17巻2号13-20頁

（引用文献）
相澤亮太郎［1998］「三反田のある一日」、三反田仮設住宅報告書刊行委員会編『こんな暮らしをもっといっぱい！：阪神・淡路大震災が生んだ三反田ケア付き仮設住宅の経験と意義』

写真提供者一覧

三浦研	p.48★20　p.83★26★27　p.85★29　p.90★32　p.91★33　p.117★40 p.118★41　p.120★42　p.122★44　p.123★45　p.126★47　p.128★48 p.129★50　p.138★58
秋山亮二	p.48★18　p.88★30　p.110★37　p.113★38　p.116★39
厳爽	p.36★13　p.48★16　p.70★24★25
おらはうす研究班	p.43★14★15　p.66★21　p.138★57
松本邦裕	p.121★43　p.125★46
石井敏	p.105★34
阪上由香子	p.129★49
茂木聡	p.24★08
山口健太郎	p.48★19

上記以外は、外山義撮影。

協力：TOTO

追悼　あとがきに代えて

　スウェーデン留学。スマートでおしゃれ。朗らかで華があり言葉が的確。建築を専門とする一方でケアの議論も負けない。超高齢化社会に突入するわが国において進むべき道筋を示せる類まれな存在。それが外山義先生でした。
　1989年に7年間にわたるスウェーデン留学から帰国された先生は、寝たきりゼロ作戦、特別養護老人ホームの個室化、痴呆性グループホームの制度化、新型特養の制度化、身体拘束ゼロ作戦など、高齢者施設を「施設」ではなく「住まい」に変えようと常に時代の最前線に立ちました。
　人が人としてあるべき姿に妥協を許さない先生の姿勢は、ときには他人と対立し、理解されず、激しく怒りをあらわにすることもありました。声なき人の立場を代弁するとき、とくにその言葉は強烈だったと記憶しています。けれども、そうして先生が矢面に立ったからこそ、時代を進めることができたのも事実でしょう。
　講演、委員会、設計監修、ゼミなど、常にスケジュールに追われ、研究をまとめる間もなく新しいテーマに取り組むことを繰り返す日々。そろそろ帰国後の仕事を一冊の本にまとめる必要性を痛感されていたようです。月刊誌『看護教育』に1年間「生活空間論：生命のみなもと」を連載し、その連載を元に本書の刊行を計画されていました。
　しかし、出版の準備が最終段階を迎えつつあった2002年11月、先生は52歳で突然この世を去られました。残された「生活空間論」は、すでに何度も推敲が重ねられ、後は図版や写真を残すのみ。遺稿は、共に研究を進めてきた私を含む弟子たちの手に託され、本に仕上げるための作業が継続されました。

本書は、スウェーデンから帰国後10年以上にわたり、先生が弟子たちと取り組んだ研究成果をほぼ網羅しています。『クリッパンの老人たち』（ドメス出版）がスウェーデン時代の研究内容をまとめているのに対して、本書は、スウェーデンでの学びをわが国で実践した成果であり、2冊を通して読むことで先生の考えをより深く理解できると考えます。

　先生の研究の特色は、工学が最も苦手とする人間性の問題に正面から向き会おうとする点にあり、その出発点には信仰があったと確信しています。ともすると人間性なき科学が幅を利かせるなかで、あるべき姿を追求された先生。その志を受け継ぎ、蒔かれた種を大きく育てることが私たちに託された使命であり、先生への追悼といえます。

　最後になりましたが、これまで調査に協力してくださった高齢者、施設職員、関係者の皆様、またグループホーム「こもれびの家」の写真を提供してくださった写真家の秋山亮二さん、「三反田のある一日」の引用を快諾してくださった神戸大学震災救援隊の相澤亮太郎さん、連載から刊行まで支えてくださった医学書院の白石正明さん、横川明夫さん、伊藤直子さん、実際に長時間の調査と分析を担当した大学院のメンバー、本当にありがとうございました。先生に代わりお礼申し上げます。

京都大学大学院工学研究科
都市環境工学専攻居住空間学講座
三　浦　　研